<barcode>
KB060625
</barcode>

내 몸을 떨리게 하는 것은 모두 님이다

홍박승진

권두언을 적기에 앞서 한 가지를 바로잡자. 지난 『다시개벽』 제6호(봄호) 가운데 차옥숭 선생님과의 인터뷰에서 "오키나와 주민 학살과 집단 사살"은 '오키나와 주민 학살과 집단 자살'로 고쳐야 한다(「모든 종교는 '나 없음'에서 만난다」, 161쪽). 오키나와 주민 집단 자결은 태평양전쟁 말기인 1945년 오키나와 전투에서 미군의 상륙 공격이 임박해오자 죽음을 택하는 것 외에 달리 방법이 없다는 일본군의 강요로 오키나와 주민과 가족이 서로를 죽인 사건으로서, 희생자가 수천 명에 이른다고 알려져 있다(「오키나와 주민들 화났다…'집단자결' 역사 왜곡 규탄」, 『한겨레』, 2007. 9. 30). 차옥숭 선생님께서 인터뷰 내의 표기 오류를 직접 발견하시고 일러주신 덕분에, 해당 인터뷰 녹취록을 정리하였던 나는 역사를 기억하기 위한 낱말 하나하나의 힘이 얼마나 크고 무거운지를 배웠다. 이 자리를 빌려서 선생님께 엎드려 절을 올린다.

이번 『다시개벽』 제7호(여름호)에 모신 글들은 편편이 아름다운 문장을 품고 있었다. 대체로 권두언은 큰 주제를 먼저 말한 다음에 그 주제가 각각의 원고에서 어떻게 펼쳐지는지를 소개하는 연역적 방식으로 쓰이기 마련이다. 그러나 이번 호 권두언은 각각의 원고에 들어 있는 눈부신 문장들을 선보인 다음에 그 문장들이 어떻게 하나의 큰 주제로 모이는지를 밝히는 귀납적 방식으로 쓰고자 한다. 평소에 나는 한 편의 글에서 몇 개의 문장만을 떼어내어 즐기는 행태에 거부감이 있는데, 왜냐하면 글맛은 첫 문장의 인식이 마지막 문장에 이르기까지 얼마나 깊어지고 넓어지고 달라졌는지에 달려 있다고 생각하는 편이기 때문이다. 하지만 이번에는 그러한 성향과 어긋나게 글마다 나의 눈길이 오래 머문 문장을 수집가의 마음으로 추려내어서 진열해보고 싶다. 그 문장들을 읽으면, 그것들이 숨어 있는 글 전체를 읽고 싶은 마음이 강하게 일어나리라는 생각에서다.

집채만 한 분노가 내 안에서 파도쳤고 손에 잡히는 거라면 모두 부숴 버리고 싶은 충동. 집으로 걸어가는 길에 다리에 힘이 풀리고 마비가 오는 듯 손가락이 오그라들어 펴지지 않았다. 힘이 풀려 버린 다리와 굳어 버린 손가락을 보며 무서워 울고, 그런 나를 보며 남편은 괜찮다며 꼭 안아줬다.
(윤혜민, 「다시는 그전으로 돌아가지 않을 것이다」)

"이 질문을 끊임없이 하는데도 불구하고 모임이 깨지지 않고 이어지는 데엔 이유가 있지 않을까?"
"외로워서요."
(신채원, 「생명학연구회, 무엇을 연구할까」)

프란치스코 교종은 "모든 이가 여전히 긍정적으로 관여할 수 있다"며, "우리의 모든 약점에도 우리가 사랑으로 창조되었기에 반드시 관대함과 연대와 배려에서 나오는 행동이 샘솟게 될 것"이라고 확신한다. 그리고 과학적 맹신과 자본과 소비의 맹신에서 벗어나, 하느님의 모상(Imago Dei)으로 창조되어 모든 창조물을 보살펴야 하는 특별한 위치에 있는 인간이 행동한다면 해결 방법은 분명 있다.
(맹주형, 「생태 문명으로의 전환을 위한 천주교 창조보전운동—생태회칙 '찬미받으소서Laudato Si'를 통해 개벽 바라보기」)

라투르는 가이아를 글로브(Globe)와 구분한다. 글로브에는, 그것이 종교적이든 과학적이든, 주재자나 통제장치가 있다는 함축이 담겨 있기 때문이다. 하지만 가이아는 글로브와 달리 예측불가능하다. 그것은 우리가 오늘날 겪고 있는 기후변화나 자연재해 등을 보면 알 수 있다. 그래서 가이아는 근대적인 종교나 과학의 틀로는 설명하기 어렵다. 그런 점에서 가이아는 '근대적'이지 않다.
(조성환, 「우리는 어디에 살고 있는가?—라투르의 가이아론을 중심으로」)

연약한 생명체에 깃든 신이 있다면, 그것은 그것을 보는 이로 하여금 자기 안의 연약함을 자각하고, 그것이 상처받거나 짓밟히거나 파괴되는 상상을 통해 인간에 대한 사랑으로 확장되게 하기 때문이다. 흔히 우리가 '연민'이라고 부르는 것, 그것은 자기 안에 남아 있는 희망과도 같은 것이 아닐까 싶다.
(권수현, 「연약한 생명체에 깃든 신—감각적·정동적 인식론으로서 페미니즘」)

덧없음 혹은 취약함의 감각은 우리가 살고 있는 세계 그 자체의 광대함, 우리의 존재를 넘어선 곳에서 펼쳐지는 것에 대한 공포 같은 것과 연동되어 있다. 그래서 우리는 우리 아닌 것과 만나고 연관되어 간다.
(시노하라 마사타케, 조성환 옮김, 「인류세 시대의 인간과 자연—폐허 이후의 세계를 어떻게 볼 것인가?」)

'나'는 자신의 무의식 속에 존재하는 근원적인 가능성으로서 모성성을 상징하는 "내 안에 꽃 한 송이" 또는 "나/자신의/엄마"를 모색한다.
(임동확, 「장바닥에 비단이 깔릴 때—김지하의 개벽사상과 모성성의 모색」)

이 문장들을 관통하는 키워드 하나는 수동성이다. 우리는 대개 수동성과 능동성을 한 개인이 활동할 때의 두 가지 대립하는 방향성으로 여기고는 한다. 거기에 덧붙여서 한 개인의 활동이 수동성을 벗어나 능동성을 얻을수록 그 활동은 더욱 자유로운 것이 된다고 생각하는 것이 보통이다. 그러나 여기에 골라놓은 문장들의 아름다움은 까닭은 수동성과 능동성에 관한 우리의 통념을 깨뜨리는 자리에서 비롯한다. 나의 움직임은 생각보다 훨씬 더 많은 부분이 수동적이라는 것이다. 아니, 더 정확히 말해서 나의 움직임은 표면적으로 내가 능동적으로 움직이는 것처럼 보이지만 원천적으로는 내 바깥의 무언가에 의하여 수동적으로 움직여지는 것이다. 손가락이 펴지지 않을 만큼 손에 잡히는 모든 것을 부수어버리고 싶은 충동이 나를 페미니즘으로 이끌듯이. 채우려 해도 채워지지 않는 외로움이 나로 하여금 생명이 무엇인지를 끊임없이 질문하게 하듯이. 우리는 사랑으로 창조되었기에 우리 마음속에서는 사랑이 샘솟을 수밖에 없듯이.

사정이 이러하다면 수동성과 능동성은 더 이상 구분되지 않으며, 또한 나의 안과 밖은 더 이상 구분되지 않는다고 할 수 있다. 우리는 개인이라는 울타리 안에서만 수동성과 능동성을 구분하려 하므로 수동성은 개인의 자유가 줄어드는 방향이며 능동성은 개인의 자유가 늘어나는 방향이라고 오해를 하는 것이 아닐까? 그 울타리를 우주로까지 넓혀서 생각하면, 수동성은 우주가 나에게 힘을 가하는 방향이며 능동성은 내가 우주와 분리되어 있지 않고 상호작용하는 방향이라고 할 수 있지 않을까? 그렇다면 개인의 울타리 안에서만 능동성을 키우려는 것은 우주와의 상호작용을 단절시키려는 짓이 되지 않는가? 지구를 인간이 완전히 예측할 수 있고 완벽히 통제할 수 있는 대상으로 간주한 서구 근대 문명이 오늘날 기후 위기와 같은 파국을 불러왔듯이. 이와 반대로 개인이 우주라는 큰 흐름 속에 하나의 구성원으로서 내맡겨져 있음을 깨닫는 것은 오히려 개인의 역량과 그 범위를 한 개인의 바깥으로 넓히는 일이 아닌가? 나 아닌 연약한 생명체가 고통받는 모습은 나의 연약함이 짓밟히는 모습을 상상케 하고 그리하여 고통받는 모든 생명에의 사랑을 불러일으킨다는 점에서 신성(神性)을 띤다고 할 수 있듯이.

우리가 극복의 대상으로 오해하기 쉬운 수동성이 근본적으로 참된 능동성임을 놀랍고도 또렷하게 보여주는 사례로는 수운 최제우와 하늘님 사이의 문답이 이루어진 과정을 꼽을 수 있다. 이 문답에서 특히 널리 알려진 대목은 하늘님이 최제우에게 "내 마음이 곧 네 마음[吾心卽汝心]"이라고 말한 부분이다. 이 구절이 '인간의 마음과 하늘의 마음이 동일함'을 뜻하며 동학(천도교)의 시천주 및 인내천 사상이 여기에서 비롯한다는 점은 동학을 조금이라도 들추어본 사람이라면 익히 알고 있을 것이다. 개체의 마음이 곧 하늘의 마음이라는 사유는 능동성의 극치를 가리킨다. 하늘님의 속성, 즉 신성은 우주 전체를 관장하는 힘이기 때문이다. 그러나 최제우와 하늘님의 문답에서 많은 이들이 간과하고 있지만 특히 주목해야 할 점은 능동성의 극치에 관한 깨달음 직전에 수동성의 극치에 관한 경험이 놓여 있다는 사실이다. 그 대목은 『동경대전』「동학론-논학문」에 나온다.

> 몸이 많이 떨리면서 밖으로 신령과 접하는 기운이 있고 안으로 말씀이 내리는
> 가르침이 있었다. 보는데 보이지 않고 듣는데 들리지 않으므로 마음이 오히려
> 이상하게 여겨져 마음을 닦고 기운을 바르게 하여 여쭈었다. "어찌하여
> 이렇습니까?" 대답하되 "내 마음이 곧 네 마음이다."
> (身多戰寒 外有接靈之氣 內有降話之敎 視之不見 聽之不聞 心尙怪訝
> 修心正氣而問曰「何爲若然也?」曰「吾心卽汝心也.」)

위의 인용문에서는 "몸이 많이 떨렸다"라고 간결하게 표현하였지만, 한글 경전인 『용담유사』의 관련 대목에서는 최제우가 공중에서 소리가 들려 천지가 진동하는 느낌을 받아 정신을 못 차렸으며 이 모습을 본 그의 아내와 자식이 경황실색하며 어찌할 줄 모르고 울거나 허둥지둥댔다는 정황을 자세히 그려두었다(『용담유사』「안심가」). 통념에 가득 찬 마음으로 바라보면 내 몸이 통제할 수 없이 안팎으로 떨리는 것은 괴이하고 의아스러운 일이다. 하지만 통념을 맑게 닦아낸 마음으로 바라보면 나의 몸을 안팎으로 움직이며 생동케

하는 힘의 원천이 바로 하늘님임을 깨달을 수 있는 것이다. 내 몸을 떨리게 하는 모든 것은 신성을 띤 것이다. 그것을 다 님이라고 부르자. 그리하면 세상은 그전처럼 보이지 않기 시작하고 우주는 그전처럼 들리지 않기 시작한다.

이 밖에도 <다시잇다> 꼭지에는 서양철학에 관한 동학-천도교 쪽의 수용 과정을 보여주는 조종오의 「철학! 철학!!」, 이번 호부터 그 번역이 연재되기 시작하는 이쿠다 조코·혼마 마사오의 『사회개조 8대 사상가』 서론 및 제1장 마르크스 편, 아무것도 하지 않으려는 상태보다는 어떠한 종류이든 새로운 지식과 사상을 흡수하고 체화하려는 상태가 훨씬 더 달갑다고 외치는 박달성의 「급격히 향상되는 조선 청년의 사상계, 축하할 만한 조선 청년의 지식열」, 동학-천도교에서 마음 개념의 의미를 상당히 구체적인 수준에서 논의한 박희택의 「마음은 도의 근본」이 들어 있다. 오늘날의 관점에 적실하게 과거의 글을 번역해주신 조성환, 김정현, 박은미, 성강현 선생님께 진심으로 감사드린다.

다음 호인 『다시개벽』 제8호(가을호)의 기획 주제는 '**이동을 둘러싸고 지구사회를 조직하는 방식 속에서 소외되는 생명들**'이다. 오늘날의 지배적인 문명은 편리와 속도를 행복과 쾌락의 표준으로 삼고 그쪽으로 이동해야 한다는 욕망을 부추긴다. 이 욕망이 어째서 문제인가? 인간 중에는 스마트폰 등의 고속이동 문화 아래서 소외되는 이동 취약 계층이 있으며, 비인간 중에는 고속도로와 철도 등의 산업문명 인프라 구축 과정에 따라 이동권을 상실하는 동물이 있다. 이동의 문제 속에서 인간과 비인간, 사회와 자연은 구분되지 않는다. 최근에 불거진 사건 같지만 실제로는 20년 동안 지속되어온 전국장애인차별철폐연대의 투쟁은 이동이야말로 인간을 비롯한 뭇 동물이 누려야 할 가장 기본적인 권리임을, 그리하여 인권의 바탕에는 동물권이 있음을 깨닫게 한다.

RE: ACT

다시는 그전으로 돌아가지 않을 것이다

윤혜민

【페미니스트 모멘트】

갓 중학생이 된 나는 영어 시간 칠판에 적힌 문제를 풀고 있었다. 영어 선생님은 지휘봉으로 내 윗옷을 올리며 "옷이 이게 뭐야?" 했다. 순식간에 내 허리가 친구들 앞에 무방비로 노출되었다. 너무 당황한 나는 아무 말도 못 하고 선생님 얼굴만 쳐다봤다. 선생님은 "문제나 풀어" 대수롭지 않게 여겼고 쿵쾅거리는 맘을 부여잡고 문제를 마저 풀었다. 아무 말 못 하고 문제만 풀던 내가 원망스러웠다.

며칠 후 친구들에게 그날의 불쾌함을 토로했고 친구들도 그 선생님께 겪었던 불쾌하고 불편한 순간을 공유했다. 쉬는 시간 학우들에게 우리가 불쾌하고 불편한 것은 선생님의 잘못이라는 걸 선생님께 말해야 한다고 설득했다.

영어 시간 선생님이 내 윗옷을 올린 것과 다른 친구들이 겪은 불편함을 이야기했다. 선생님은 기억이 안 난다며 불쾌해했고 나랑 비슷한 경험을 한 친구들은 눈물을 보였다. 선생님은 너무도 당당하게 너희 같은 학생들은 가르치고 싶지 않다며 교실을 나가 버렸다.

소식을 듣고 오신 담임 선생님은 당장 우리에게 사과하라고 하셨다. 나와 친구들의 불쾌한 경험을 이야기했지만, 우리가 사과해야 한다고 하셨다. 나와 친구들을 불쾌하고 불편하게 만들었던 선생님께 사과하고 수업을 진행해 달라고 빌었다. 나의 사과로 끝이 나 버린 그날의 사건. 스쿨미투가 없던 시절 중학교를 졸업하기 전까지 들려온 그 선생님의 불쾌한 접촉에 관한 이야기를 들었지만 모르는 척할 수밖에 없었다.

우리 과 학과장님은 수업 때마다 여학생들을 "계집애"라고 불렀다. 그 호칭이 여학생들을 비하하는 말처럼 들려 불쾌했고 수업 시간에 '계집애'라는 호칭 사용을 자제해달라고 했다. 교수님은 "계집애는 국어사전에도 등록된 우리말이라 욕이 아니다"라며, 여학생을 부르는 애칭이라고 했다. 교수와 여학생들이 서로 애칭까지 있어야 할 관계 설정이라니…. 학기 말에 있는 교수 평가 때 학과장님의 '계집애'라는 호칭이 여학생을 비하하는 말처럼 들려 불편하니 그 호칭 사용을 자제해 달라고 적었다. 그 후 강의실에서 '계집애'라는 말도 안 되는 애칭은 사라졌다.

가위바위보에서 져서 커피 심부름을 하는 나를 "오봉"(쟁반의 일본어)이라고 부른 같은 과 오빠. MT 때 모두 모여 술을 마시는 자리에서 "커피 심부름 하던 날, 오빠가 나를 '오봉'이라고 불러 몹시 기분이 나빴다."라고 했고 다른 학우들이 "네가 잘못했네."라고 한마디씩 해 줘서, 그 오빠는 얼굴도 제대로 못 들고 연신 미안하다고 사과했다.

2020년 11월 공주시 예비 문화도시 선정을 위한 이야기 리빙랩 사업에 참여한 '공주책읽는여성행동'(이하 '공책여행'으로 약칭)은 페미니즘 연극 워크숍 〈페미니스트 모멘트 "페미니스트 여성으로 사는 것이 기뻤으면 좋겠습니다"〉를 진행했다. 지리산에서 활동하는 '아무튼 유랑단'의 진행으로 이루어진 1박 2일 워크숍은 여성들의 따뜻하고 섬세한 이야기들이 만들어졌다. 워크숍을 통해 내가 행했던 행동들이 불만 표출이 아니라 페미니스트 모멘트라는 걸 알게 되었다. 나도 모르게 내 안에서 페미니즘이란 새싹이 자라나고 있었다.

【아무튼, 공책여행[i]】

매주 금요일 밤 7시 10분부터는 공책여행 아지트 '나뒴'에서 온전한 나만의 시간을 보낸다. 처음 공책여행 언니들을 만난 건 공주시 여성친화도시 시민참여단 성인지 감수성 교육에서였다. 강사님도 긴장하게 만들던 언니들을 보고 '저 여성들은 어떤 사람일까?' 너무 궁금했고 은영 언니의 초대를 받아 '나뒴'에 입성하게 되었다.

　　매주 책 토론을 하지만 나만은 특별히 책을 읽지 않아도 참석할 수 있다는 말에 혹해서 구두로 회원 가입을 했다. 한번 읽어보라며 빌려주신 치마만다 응고지 아디치에 작가의 『엄마는 페미니스트』(황가한 역, 민음사, 2017)를 손에 쥐고 사뿐히 공책여행의 일원이 되었다. 후일담으로, 공책여행 언니들도 시민참여단 교육에서 나를 보며 '저 여성은 공주 어디에 있다가 이제 나왔을까?' 하며 궁금해 했단다. 그리고 아주 계획적으로 나를 포섭했다고 한다.

　　공책여행 첫 토론 책이자 나의 첫 발제문은 윤이형 작가의 『붕대 감기』(작가정신, 2020)였다. 나에게 새로운 앎을 선사해준 『붕대 감기』의 이야기들이 내 마음속으로 폭풍처럼 밀려 들어와 나를 어지럽혔다. 마치 내 상처를 마구 후벼 파는 것 같기도 하고 내 잘못이 아니라고 토닥여주는 것 같기도 했다. 학창 시절의 내 모습과 친구들이 떠올랐고 사회로 처음 나왔을 때 뭘 어떻게 해야 할지 몰라 혼란스럽기만 했던 시절, 4년이라는 연애 끝에 '결혼해야 하나 보다' 하는 막연한 생각과 부모님의 잔소리, 감시에 벗어나고 싶었고 부모님처럼은 살지 않겠다고 다짐하며 했던 결혼 등 나를 되돌아보며 서러운 눈물이 흘러내렸다. 여성으로, 딸, 엄마, 며느리로 멀게만 느껴진 페미니즘이라는 단어가 모든 여성의 삶에 관한 이야기이며 내 마음을 가볍게 만들었고 '페미니즘은 무겁거나 어려운 말이 아니야!' 하며 끄덕이게 했다. 그렇다고 해서 다른

[i]　원도 작가의 『아무튼, 언니』(제철소, 2020)에서 착안한 제목이다.

사람에게 '페미니즘은 이런 거야'라고 설명해 줄 수는 없지만, 나만의 것으로 나만의 감각적 느낌으로 알고 있기로 했다. 내가 떨리는 목소리로 발제문을 낭독하는 동안 나의 언니들은 모두 고개를 끄덕이며 공감해 주고 심지어 나를 위해 울어주기도 했다. 같은 책을 읽고 나의 감정을 글로 쓰고 그것을 낭독하고 공감해 주는 이들이 곁에 있다는 신선한 경험은 공책여행에 빠져들 수밖에 없는 당연한 이유였다. 과격한 표현으로 나에게 '국가가 허용한 유일한 마약 공.책.여.행.'.

열심히 페미니즘 책을 섭렵하는 나에게 어린 자식을 칭찬하는 것처럼 격려하고 새로운 책을 추천해주며, 나의 손을 잡고 발맞추어 걸어주며, 연대해주었다. 나의 일에 항상 같이 기뻐해 주고 때론 같이 욕해주고 나보다 더 분노해주는 언니들이 있기에 오늘도 나는 어깨를 당당히 펴고 한 발 한 발 나아가고 있다. 회원들의 칭찬과 연대가 항상 뒷걸음질 치고 있다고 생각하던 내 삶이 얼마나 성장하고 있는지 또 나를 더 사랑하게 만드는지 뼈저리게 느끼게 했다.

언니들과 더 많은 시간을 보내기 위해서 동학 공부 모임에도 발을 디뎠다. 만만치 않은 동학 공부와 해설 시나리오 작성, 시연에 답사까지…. 행복한 비명이 절로 나왔다. 처음 은영 언니의 동학농민혁명 해설을 우금티에서 듣던 날은 아직도 생생하다. 한겨울 무명옷에 짚신을 신고 앞에서 쓰러져가는 동료를 보면서도 40~50차례 우금티를 오른 농민군들. 어떤 마음으로 우금티를 올랐을까를 생각하며 뜨거운 눈물을 삼켰다. 처음으로 여성과 아이도 남성과 같은 동등한 사람이라고 말하는 성평등의 시작점. 매년 10월 마지막 주 토요일에 열리는 우금티 예술제에 공책여행의 깃발은 항상 같은 문구이다. "성 평등의 시작은 동학이다."

공책여행 회원들에게 뜨거운 프로포즈를 날리게 해준 책이 에스더 D. 로스블럼, 캐슬린 A. 브레호니의 『보스턴 결혼』(알알 번역, 이매진, 2012)이다. 책을 읽으면서 공책여행 안에서의 우리 관계를 다시 한 번 생각하게 되었다. 내가 공책여행 회원들을 생각할 때 '아' 하고 이야기하면 '어' 하고 찰떡같이 알아주고,

때론 말하지 않아도 알아주는 우리 사이를 어찌 사랑하지 않을 수 있을까?

생각나고 보고 싶고 잘 보이고 싶은 이 감정은 남편과 연애할 때의 감정과 뭐가 다를까? '성적이지 않지만' 우리 사이를 어찌 로맨틱한 관계가 아니라고 할 수 있을까? 심지어 우리는 서로 동의한 로맨틱한 관계이다. 나와 공책여행 회원들의 관계를 정의하는 우리만의 '신(new) 보스턴 결혼'을 만들자. 언젠가는 우리만의 보스턴 결혼식을 올리자!!!

【83년생 윤혜민[2]】

공책여행에 들어가기 전, 지역 도서관에서 운영하는 엄마들의 독서 토론 모임에 참여한 적이 있다. 비슷한 또래의 아이들이 있는 엄마들의 독서 토론 모임에서는 주로 아이들을 위한 독서 지도 강의를 듣고 육아서적을 읽었다. 육아서적이나 아이들 독서 지도에 관한 강의를 들을 때마다 느끼는 건 내가 무능한 엄마라는 걸 대면하는 불편함이었다. 언제쯤 독서 토론 모임에서 발을 뺄까 하던 중 『82년 김지영』으로 토론한다기에 열심히 책을 읽었다. 나랑은 한 살 차이의 여자주인공 '김지영.' 그녀의 삶이 모든 여성을 '김지영'으로 깎아내린다는 생각이 들어 조금은 불쾌한 마음으로 책을 덮었다. 책 토론이 있던 날 회원들은 '김지영'의 삶이 자신의 삶과 또 모든 여성을 대변하는 듯하다, 본인도 김지영과 비슷한 경험이 있다고 했다. 나는 모든 여성을 '김지영'으로 대변하는 것 같아서 불편함을 많이 느꼈다고 했다. 지금의 내가 돌아봤을 때 그 당시의 나는 '명예 남성'이었나 보다. '나에게는 그런 일이 없었는데….'라는 무지한 생각.

'김지영'보다 1년 늦게 태어난 나는, 장남인 아빠의 첫딸, 장녀로 태어났다.

---

2   조남주 작가의 『82년생 김지영』(민음사, 2016)에서 착안한 제목이다.

엄마 말에 의하면 첫아이가 딸이라고 하자 할머니가 아들이 아니라며 엄마 몸조리도 잘 해주지 않았다고 한다. 그 후 남동생이 태어난 후 할머니, 할아버지는 내 동생을 이름 대신 '장손'이라고 불렀다. 동생이 중학생이 됐을 무렵 할머니는 홀로 부산에서 기차를 타고 우리가 사는 곳으로 와 동생의 보약만 전달해주고 바로 부산에 가시기도 했다. 바로 내 동생이 '장손'이기 때문에 본인이 먹어도 모자랄 보약을 손수 전달하는 수고로움도 마다하지 않았다.

내가 (여자)고등학교에 다닐 때였다. 비가 오는 날 평소와 같이 도보로 학교에 가던 중 우산을 쓴 남성이 길에 서 있었고 그 바로 앞을 지나다가 자연스레 돌아다보게 되었는데 바지 사이로 남성의 성기가 보였다. 너무 무섭고 당황스러워 '윽' 소리도 내지 못하고 지나쳐 학교에 왔다. 교실에 앉아서도 놀란 가슴은 진정되지 않았고 왜 하필이면 그 길로 걸어왔는지, 내가 원망스러웠다. 또 '내 앞에 가던 여학생도 그 장면을 봤을까? 그럼 내 뒤에 오던 여학생은 어떻게 되었을까?' 생각하고 또 생각했다. 그리고 그 후로 한참 동안 더 먼 길로 돌아서 학교에 다녔다. 개인적이지 않은 공간에서 성기를 스스럼없이 꺼낸 사람은 그 사람인데 왜 수치심은 나의 몫일까?

시댁과 같은 지역에 살고 있어서 자주 왕래를 하다보니 시부모님과 우리 집 비밀번호도 공유했고, 가끔은 연락 없이 집 비밀번호를 누르고 들어오는 시부모님을 보면 무력감을 느꼈다. 시부모님의 과도한 관심과 사랑으로 내 삶이, 내 몸이 휘청거리고 있었다. 어떤 날은 시댁 가는 차 안에서 생각했다. '나는 눈이 없다. 나는 귀가 없다. 나는 입이 없다. 뭐라고 하셔도 '네'라고 대답하자.'라는 말을 되뇌고 있는 나를 발견하고, 이렇게밖에 할 수 없는 내가 너무 한심하고 병이라고 났으면 하는 맘까지 들었다.

결국 나는 내가 그토록 바라던 병이 났다. 바로 연예인 병으로 더 알려진 '공황장애.' 어느 날부터는 터널이 끝이 없이 계속 이어져 나갈 수 없을 것 같은 답답한 기분. 터널을 벗어나겠다고 100km로 운전하는 나를 발견하고 이러다 사고 나서 죽을 수도 있겠다는 공포감을 느꼈다.

산책 중 갑자기 극심한 구토가 밀려왔다. 식은땀이 비 오듯 흐르고 눈앞은 흐릿하기만 했다. 너무 아파서 바닥에 주저앉았다. 저기 멀리 사람들이 보였지만 도와달라는 말이 입 밖으로 나오지 않았다. 그렇게 내 발로 정신과 의원에 찾아갈 수밖에 없었다.

병명은 알고 싶지만 약은 먹지 않을 거라는 생각으로 병원을 찾았다. 증상들을 나열하자 선생님은 단호하게 '공황장애' 진단을 내렸고, 약을 먹고 상담을 받아야 한다고 했다. 한여름에도 저녁만 되면 찾아오던 오한이 공황 발작이었다니…. 알게 모르게 내 몸을 잠식하고 있었던 공황장애.

그렇게 시작한 공황장애 치료는 일주일마다 상담을 받고 거부반응에 따라 약을 바꿔 가며 진행되었다. 선생님은 주위 사람들에게 나의 병을 알리는 것이 치료의 시작이라고 하셨다. 남편, 공책여행 회원들, 가까운 지인들에게 나의 병을 알렸을 때 반응의 온도 차는 너무도 컸다. 남편은 흔한 감기처럼 이야기했고, 같이 병원에 동행하고 나서야 심각성을 깨달았다. 공책여행 회원들은 병원 치료 받는 것을 응원했고 내 병의 원인에 자신들이 영향을 끼친 것은 아닌지 고해성사를 하기도 했다. 가까운 지인들은 내가 내 신세를 볶아 그런 병에 걸렸다고 타박했다.

선생님은 쉬엄쉬엄을 강조했지만 나는 일도, 공책여행도 그만두지 않았고, 심지어 없던 일도 찾아서 했다. 결혼과 출산으로 중단되었던 경력을 이제야 다시 이어 붙인다는 기분으로 뛰어다니고 싶었다. 다른 사람들과 발맞추어 걷기 위해서는 더 열심히, 더 많은 것을 해야 하고 지금 쉬면 모든 기회가 없어질 것 같아 불안했다.

평소같이 금요일 밤 공책여행 회원들과 책 토론을 하던 중 기운이 빠지고 식은땀이 흐르고 구역질이 한꺼번에 밀려왔다. 똑바로 앉을 수도 없이 온몸이 아팠고 어떻게 집에 왔는지 기억도 잘 나지 않았다. 하필이면 내가 사랑하는 회원님들과 안전하게 함께할 수 있는 '나됨'에서 이런 증상들이 나타나는지 부정하고 싶었다.

공책여행 회원들에게 모임을 잠시 중단하겠다고 말하던 날, 내 몸에서 무언가가 빠져나가는 것 같은 허전한 기분이었다. 우리는 헤어지는 게 아니라고 위로하고 다독여주던 공책여행 회원들. 지금도 생각하면 눈물이 찔끔거려지는 날이다. 할머니에 빙의하는 김지영과 공황발작을 겪고 있는 내가 〈82년생 김지영〉과 뭐가 다르단 말인가!!! 나는 그냥 〈83년생 윤혜민〉이었던 것이다. 83년에 태어나 지금까지 살아내고 있는 여성 말이다.

【당신이 계속 불편했으면 좋겠습니다[3]】

잦은 공황 발작과 약의 부작용으로 힘들어하던 중 민족 최대의 명절인 추석이 왔다. 남편은 집에서 쉬라고 했지만, 추석 당일에는 인사를 하는 것이 며느리의 도리라고 판단하고 시댁에 갔다. 시부모님은 기다렸다는 듯이 그동안 쌓아두었던 나에 대한 불만을 토로했고, 살갑지 않은 아들들과 동서의 몫까지 내가 챙겼어야 한다고 했다. 순간 앞이 깜깜해졌고 이래서 시댁에 오기 싫다고 말하며 엉엉 울었고 남편 손에 이끌려 차에 올랐다.

집채만 한 분노가 내 안에서 파도쳤고 손에 잡히는 거라면 모두 부숴 버리고 싶은 충동. 집으로 걸어가는 길에 다리에 힘이 풀리고 마비가 오는 듯 손가락이 오그라들어 펴지지 않았다. 힘이 풀려 버린 다리와 굳어 버린 손가락을 보며 무서워 울고, 그런 나를 보며 남편은 괜찮다며 꼭 안아줬다.

그 후 지금까지 시댁에 가지 않고 살고 있다. 한 사람으로 존중받지 못하고 며느리라는 틀 안에서 벗어나려 하면 불편한 사람으로 만들어 버리는 가부장제. 한 집안의 평화가 며느리의 침묵과 불평등으로 이뤄진다면, 그 평화는 누구를 위한 것일까.

~~~~~~

3 홍승은 작가의 『당신이 계속 불편했으면 좋겠습니다』(동녘, 2017)에서 착안한 제목이다.

페미니즘을 알고 동학의 사람은 누구나 평등하다는 인내천 사상을 공부한 내가 어찌 그전과 같이 살아갈 수 있을까? 나의 공황장애는 페미니즘과 동학을 알고 난 후, 현실과의 괴리감에서 온 것은 아닌지 생각해본다.

공책여행 회원들과 그동안 읽은 책과 토론, 여성친화도시 시민참여단으로 들었던 성인지 감수성 교육, (전)충남여성정책개발원의 풀뿌리 자치학교, 1년간 열심히 읽고 공부하고 따라다닌 동학 공부 모임과 해설사 활동이 지금의 나를 만들었다.

불편하다고 느꼈지만 지나쳤던 것을 성인지감수성이라는 언어로 표현할 수 있게 되었고, 문제를 제기하고 행동하면 바뀔 수 있다는 것을 알게 되었다. 혹은 '너 왜 이렇게 예민해? 왜 그렇게 힘들게 사냐?'고 할지 모르지만, 나는 '좀 예민하면 어때?' 하며 성인지 감수성을 장착한 '프로불편러'가 되기로 마음먹었다. 홍승은 작가의 『당신이 계속 불편했으면 좋겠습니다』 책 제목처럼 당신도 나와 함께 계속 불편하면 좋겠다.

【다시는 그전으로 돌아가지 않을 것이다⁴】

나는 아직 공황장애를 극복했다고는 생각하지 않는다. 지금도 불쑥 시댁과의 갈등이 떠오르면 억울함과 분노가 가슴속 깊은 곳에서 왈칵 쏟아져 나온다.

시부모님이 특별히 나를 싫어하거나 나쁜 사람이라고는 생각하지 않는다. 가부장제 틀 안에서 당연하다고 생각하는 며느리의 도리를 잘 수행하지 못한다고 생각했겠지. 알고 보면 나, 남편, 시부모님 모두 가부장제의 피해자이다. 결혼한 자식을 맘에서 독립시키지 못하고 품 안의 자식처럼 돌봐야 한다고 생각하며, 며느리는 어떤 상황에서도 아들과 함께 1+1로 움직여야 한다고 생각

---

4   권김현영 작가의 『다시는 그전으로 돌아가지 않을 것이다』(휴머니스트, 2019)에서 착안한 제목이다.

한다. 아들은 내 가정의 경계를 확정하지 못하고 갈팡질팡하며 눈치만 본다. 누구를 위한 가부장제인가 모두 생각해봐야 할 때라고 생각한다. 리베카 솔릿의 『해방자 신데렐라』(반비, 2021)를 읽고 패러디 『해방자 헤미니스트』를 만들어보았다.

착한 딸, 큰며느리, 좋은 엄마로 살고 싶었던 '윤혜민'이 있었어.
좋은 엄마로 산다는 건 너무나 어려운 일이라 일찍이 포기한 상태였어.
나는 사랑받는 큰딸, 큰며느리가 되어 그들이 원하는 모습을 하고 참으면
가장 행복한 사람이 될 거라고 철석같이 믿었어. 하지만 모두가 떠나고 나면
슬픈 생각도 들고 쓸쓸하기도 하던 어느 날. 나는 "누가 날 좀 도와줬으면
좋겠다."라고 소리 내어 말했어. 그러자 파란 대모 요정 5명이 나타났어.
파란 대모 요정 5명은 나에게 모두가 자유롭고 가장 자기다운 모습이 될 수
있게 돕는 것이 진짜 마법이라고 했어. 그들의 목소리는 동굴 깊숙한 곳에서
웅크리고 있던 나를 밝은 빛으로 인도하는 소리처럼 들렸어. 나도 자유롭고
가장 나다운 모습이 되고 싶다고, 큰딸, 큰며느리는 거추장스럽다고 말했어.
순식간에 나는 가장 나다운 모습으로 변신했고 곁에는 공책여행 회원들이
남아 있었지. 그리고 친구들은 이제 '윤혜민'이라는 이름은 쓰지 않는대.
이제 막 '며느라기'라는 거추장스러운 옷을 벗어 던진 나를 다들 원래 이름으로
불러. 이렇게. '헤미니스트.'

나는 이미 '빨간약'을 먹었고 너무도 많은 것을 알아버렸기에 그전으로 돌아가지 않을 것이다. 그리고 나와 발맞춰 걸으며 손을 잡아주고 토닥여주는 그녀들을 따라 계속해서 도전하고 행동하는 헤미니스트로 살 것이다.

윤혜민

◈ 온전한 '나'로 살기 위해서 부단히 노력하는 사람이다

◈ 공책여행 언니들이 있는 곳이라면 가시밭길도

쫓아갈 수 있다 ◈ 공책여행 작명가 유니유니가 지어준

혜미니스트라는 예명이 너무 맘이 든다 ◈ 먹부림 대신

책부림을 하고 하이에나처럼 연대할 곳을 찾아 SNS를

검색하고 '좋아요'를 누른다 ◈ 최근, 환경에도 관심을 두고

플로깅을 운동 삼아 시작했다

생명학연구회, 무엇을 연구할까

신채원

연구회 간략 소개

• '생명학연구회'는 인문학, 사회과학, 자연과학, 종교 등 다양한 배경을 가진 연구자나 활동가들이 '생명'에 대한 공통의 관심을 가지고 모여서 공부하고 있는 소박한 공부모임입니다.

• 2015년 3월 연구회를 만들고 현재까지 모임을 진행해 오고 있으며, 현재 모임에 멤버십을 가지고 참여하는 분들은 20여명 됩니다.

• 비록 규모는 작으나 저희 모임이 '씨앗'이 되어 명칭에 걸맞게 우리 사회에 '생명'에 대한 담론을 발전시키고 체계화하려는 야심찬 꿈을 가지고 있습니다.

• 연구회에 참여하시는 분들 다수는 학문적 관심에 머물러있기보다는 '생명'의 가치가 사회 속에 확산되고 뿌리내리기 위한 현실참여에 관심이 많은 편입니다.

• 연구회는 현재 주제를 가지고 월례모임을 진행하고 있고, 한편으로 '생명철학'에 관심 있는 분들이 모여서 소모임을 만들어서 공부도 하고 있습니다.

내가 생명학연구회의 회원이 된 시점, 당시 위원장(정규호)이 쓴 모임 소개 글이다. 나는 2013년 동학을 주제로 하는 행사에서 인연이 닿아 가끔 안부를 묻거나, "'불연기연'은 결국 아무것도 없다는 건가요?"와 같은 무용한 질문들에 "저 바위에도 생명이 있답니다"와 같은 찰떡같은 답을 내려주곤 했던 가을햇살(김용휘) 님의 초대로 생명학연구회에 가입하게 되었고, 가입 직후 총무가 되었다.

【이 연구회의 출발은 어땠을까】

2015년 3월 이 모임은 창립포럼을 열었다. 〈생명살림의 실천과 생명학의 방향에 대한 제언〉, 〈생태주의와 생명사상의 융합을 통한 녹색국가설계—문순홍의 생명학 연구흐름〉. 두 분의 발제가 있었나 보다. 첫 포럼을 시작으로 〈생명경제와 체제전환〉(주요섭), 〈에너지의학의 입장에서 본 생명의 정의〉(최윤석), 〈펠릭스 가타리의 생태철학〉(신승철), 〈탈근대 가치와 주인공에 대한 탐색〉(김용우), 〈생명으로 이어지는 동아시아〉(조성환)…. 모두 2015년 한 해에 이루어진 모임의 주제들이었다.

　　나는 기록들을 통해 본 이 모임의 발자취를 보며 설레면서도 허탈해졌다. 이 '작은 모임'에서 이런 신박하고 거룩한 주제의 공부를 해 왔다는 것에서 설렜고, '다음 세대'인 '우리'는 여전히 '그들'이 이미 가 본 길을 답습하는 것뿐인가 싶은 생각에서 허탈했다. 그러나 시간이 흘러도 어느 시대에나 위기는 있고, 넘어야 할 갈등은 있었다.

　　지난해 생명학연구회 TF팀(김용우, 김소남, 정규호, 백효민, 신채원)을 구성해, 국사편찬위원회의 과제에 착수하며 "한국 생명운동의 형성과 확산 과정—한살림모임 참여자들을 중심으로"라는 주제의 구술 수집 과제를 수행하는 과정에서 수십 년에 걸쳐 윗세대의 그 윗세대까지 관통하여 일찍이 생명의 위기에 직면하고 전환의 길을 모색했던 사람들이 있었다는 것을 확인했다. 이 걸음이 틀리지 않았다는 확인과 오늘의 전환은 어떻게 '개벽'해야 할 것인가, 길을 찾아야 한다는 것이 과제로 남았다.

이야기는 조금 더 거슬러 올라가야 했다. 도대체 '생명'이라는 화두는 누가, 언제, 어떻게 쏘아 올린 공이었을까? 내가 알고 있는 한 이른바 이 '생명 운동판'에서, 메마른 땅에 깃발 하나를 꽂은 사건이 있었다. 누구라도 동의하지 않을 수 없는 '원주선언'의 탄생이었을 것이다. 2021년 류하(김용우, 원주)에 의해 공개된 문건을 읽으며 '그때 그 사람들'은 어떤 얼굴로, 어떤 말소리로 '생명'을 말하고자 했을까 상상해 보았다.

1976년 1월 23일 원주 원동성당에서는 신·구교 성직자들에 의해 '원주선언'이
발표되었습니다. 이 선언에는 군사독재의 억압적 정치와 소수 특권층과
결탁한 부정부패, 인권을 무시한 노동정책 등에 반대하며, 기본권인
양심·사상·종교의 자유, 남북한의 평화적 관계와 통일 등을 간절하게 바라는
국민들의 소리가 담겨 있었습니다. 이 '원주선언'은 인권이 존중받는 세상,
참다운 민주주의와 한반도의 평화가 실현되는 세상을 향해 나아가는,
어두운 길을 밝히는 횃불이 되었습니다.

【'원주선언'의 목적지는 어디였나】

그 시절을 조금 더 알아야 했다. 국가의 존재와 발전을 명분으로 개인의 자유와 권리를 통제하던 1970년대. 유신체제가 맹위를 떨치던 암흑의 시기였다. 수천 명의 지식인들이 굴복했고 언론인들은 침묵했다. 그러던 중 1974년 7월 23일 원주교구장 지학순 주교가 양심선언을 발표한다. 이것은 교회 고위성직자로서는 처음으로 유신체제 반대 입장을 분명히 밝힌 것으로 당시에 사회적

큰 파장을 일으켰다.

이어진 지학순 주교의 구속. 이에 원주교구와 전국의 여러 교구 사제들이 앞장서 1974년 9월 22일 사회의 정의와 민주화를 염원하는 신구교 합동 기도회를 개최한다. 이후 정부는 1975년 2월 유신헌법에 대한 찬반과 대통령 신임을 묻는 국민투표를 실시한다. 부정으로 얼룩진 국민투표 후 지학순 주교는 구속집행정지 조치로 출감된다.

그해 5월 정부는 유신헌법에 대한 논의를 금지하고, 집회시위 및 정치참여를 금지하는 긴급조치 9호를 선포한다. 또 다시 깊은 암흑이 온 세상을 짓눌렀다. 당시 그 어둠을 헤치고 나온 것이 바로 1976년 1월 23일 발표된 '원주선언'이다. 이 '원주선언'이 발표된 배경에는 오늘 우리가 기억하는 지학순 주교의 삶과 실천이 있었다. 이것이 생명운동의 태동기에 벌어졌던 큰 사건이었다.

【그때 그 사람들의 오늘】

생명운동의 역사와 성과에 대해 쓰려면 이 글은 여기서 끝나지 않을 것이다. 또 내가 쓰려고 한 글은 '그때 그 사람들'이 쏘아 올린 공이 누군가들에게 '아직도' 삶을 돌아보고 멈추지 않고 한 발 나아가게 하는 성찰의 화두가 된다는 것을 말하고 싶은 것이다.

이후 많은 선언들이 쏟아졌다. 전환의 시대, 개벽의 시대를 맞이하여 흔히 사람과 생명의 가치를 다시 묻는다고 말한다. 나는 이것을 선언이라고 본다. '너는 지금 어디에 있느냐'의 물음에, '나는 흐르는 강물을 따라 흔들리는 바람을 향해 새들이 날아가는 하늘과 거북이가 느릿느릿 걸어가는 땅 위에 서서 살아있는 모든 것들과 손을 꼭 잡고 먼 길을 걷는 사람입니다'라고 못 가진 것을 자랑처럼 여기며 들풀들에게 키를 낮추며 스스로 깨어 있는 사람으로 살겠다는 선언.

【생명학연구회, 생명-학-연구-회】

이 어울리지 않는 단어들이 조합을 이룬 '생명학연구회'는 이 사회의 온갖 문제들에 '생명'의 관점에서 −론, −적, −문화 등의 주제로 질문을 쏘아올리고, 질문에 대해 함께 고민한다. 지지난해 '우리'는, 이 모임을 계속 이어가야 할 것인가에 대한 끝나지 않을 논의를 진행해 왔다.

그러다 '우리' 중 누군가는 말했다.

"이 질문을 끊임없이 하는데도 불구하고 모임이 깨지지 않고
이어지는 데엔 이유가 있지 않을까?"
"외로워서요."

또 몇 해 전에는, 생명평화활동가대화마당(생명평화결사에서 시작한 이 모임은 1년에 한두 번 활동가들이 모여 다양한 주제로 대화를 나누는 이 모임을 열었다. 생명학연구회 회원의 대다수가 이 단체의 회원이다)을 준비하며 '왜' 그 대화마당을 열어야 하는가에 대한 질문에 통영에서 배를 타고 한 시간을 더 들어가야 하는 욕지도에서 올라온 활동가는 '외롭다'고 했다. 외로워서 배 타고 버스 타고 기차 타고 지하철 타고 광화문까지 왔다고.

생명학연구회는 한 달에 한 번 만난다. 코로나19가 전 세계를 뒤덮는 동안에는 비대면으로 온라인 화면으로 만났다. 각자 마실 거리를 한 잔씩 들고 어느 달에는 생명의 담론을 제시했던 선언문을 읽었고, 어느 달에는 동학의 경전을 읽었고, 또 어느 달에는 '생명'을 키워드로 −철학, −정치 등을 주제로 해당 분야를 연구하는 회원들의 발제와 토론을 이어 나갔다. 왜, 우리는 이 질문을 해야 할까?

【나의 생명학연구회】

대체로 나는 나에게 온 일들을 받아서 하는 편이다. 나의 정체성은 '독립연구활동가'라고 말하는데, 주로 아프게 죽어간 사람들의 삶을 이야기로 복원한다. 묻고 싶었다 나는. '좁쌀 한 알 속 우주'는 죽음 이후에도 우주가 되는 것인가를. 어느 해 여름 이른 바 '길명 프로젝트' 친구들과 오래 길 위에 있었다. 나는 중간중간 논문을 쓰러, 회의를 하러, 서울을 오갔고 친구들은 강화에서 제주까지 걸었다. 걸어서, 걸어서 바다에 닿았고 바다에 가서야 길을 묻지 않았다. 추우면 버려진 옷을 주워 입었고, 배가 고프면 마을로 들어가 먹을 것을 얻어먹었다.

한 평생 농사를 짓고 그 마을을 벗어나 본 적 없는 우리의 이웃들은 '공장' 가서 일을 해야지, 왜 밥을 얻어먹고 다니냐고 하면서도 따뜻한 밥 한 그릇에 콩장과 오이소박이를 가득 내어주었다. 나는 많은 것을 갖고 살았고, 그것들이 나의 정체성을 확인시켜 주지 못했으며 너무 먼 어제도, 두려운 내일도 아닌 지금 이 순간이 가장 소중하며 지금 내가 마주하는 것들, 함께 손잡고 걷는 사람만이 영원하다는 것을 깨달았다.

또 묻고 싶었다 나는. 생명은 '무엇'이어야 하나.

생명학연구회에서 묻고 또 물었지만, 나를 그 질문 속으로 걸어 들어가게 하는 동력은 '사람들'이었다. 누군가 살아 낸 삶이 오늘 나를 존재하게 한다는 말은 너무 먼 이야기였고, 내가 '우리'라고 말하는 이 관계망 속에서 저 사람이 나의 친구라면 나는 어떤 사람이어야 하는가.

그 질문에 대한 답을 삶으로 살아내는 것이 나에겐 생명학연구회를 통해 정체성을 찾고 지금 내가 서 있는 자리에서 다음 걸음을 걸어 나가는 선택의 기준이었다. 이제 더 이상 이 모임을 왜 이어 나가야 하는가, 이 질문은 하지 않기로 했다. 모든 것들에 이유가 있어야 하거나 새로워야 하는 것은 아닐 것이다. 생명에는 이유도 없고 새로울 것도 없으니까.

신채원_은새

◈ 언제든 어디서든 쉬지 않고 소처럼 일을 하고 있다
◈ 다른 사람들도 나처럼 외로운지 알고 싶어서 인터뷰를
20년 동안 이어나가고 있다 ◈ 아는 것이 힘인지
모르는 것이 약인지 궁금하다 ◈ 한겨울에도
아이스아메리카노를 마신다

생태 문명으로의 전환을 위한 천주교 창조보전운동

맹주형

생태회칙 '찬미받으소서Laudato Si'를 통해 개벽 바라보기

【들어가며】

지난 2015년 6월 프란치스코 교종의 생태회칙 '찬미받으소서(Laudato Si', 이하 LS)'가 발표되었다. '찬미받으소서' 회칙은 가톨릭교회의 환경에 대한 가르침을 집대성한 책이며, 생태 문명으로의 전환과 기후위기 대응을 위한 가톨릭교회의 중요한 길잡이 역할을 하고 있다. 교종은 이 생태회칙을 통해 인간이 지금처럼 우리 공동의 집인 '지구'를 아프게 하고 잘못 다룬 적은 일찍이 없었노라 말한다. 그리고 지구 생태계의 심각한 훼손은 이제 '사실'이다.

프란치스코 교종이 말하고 있는 지구 생태 위기는 크게 네 가지이다. 첫째, 오염과 기후 변화, 둘째, 물 문제, 셋째, 생물 다양성의 감소, 넷째, 인간의 문제 들이다. 이러한 인류와 지구의 변화와 생태계 위기 근간에는 '신속화(rapidication)'의 문제가 있다. 인간이 발전해 온 속도가 자연의 느린 생물학적 진화 속도에 비해 빨라도 너무 빨랐다. 더 큰 문제는 이런 빠름과 지속적인 변화가 공동선(公同善)과 온전하고 지속 가능한 인간과 공동체를 목적으로 하지 않는다는 점이다. 그 결과 거의 매년 자연 재해가 지구 곳곳을 덮치고 있다. 기후 위기, 기후 비상(Climate Emergency) 상황이다.

우리나라도 기후 위기로 매년 막대한 피해를 입고 있다. 2020년 역대 가장

긴 장마와 8~9월 연이은 태풍과 여름, 겨울철의 이례적인 이상기온 발생 등으로 큰 피해를 입었다. 1973년 이후 가장 긴 장마(중부 기준 54일)와 4개의 태풍이 연달아 상륙했고, 이 태풍과 호우로 1조 2585억 원의 재산 피해와 46명이 사망해 최근 10년(2010년~2019년) 연평균 피해의 약 세 배가 넘었다. 우리나라를 포함해 지구 대부분 지역에서 온난화로 가뭄, 호우의 빈도와 강도가 증가해 땅이 황폐화되고 있다.[i] 이 모든 자연재해의 원인은 인류의 공공재(公共材)인 '기후' 변화 때문이다.

> 많은 과학적 연구는 최근 수십 년간의 지구온난화가, 대부분 인간 활동의
> 결과로 배출되는 온실가스, 곧 이산화탄소, 메탄, 산화질소와 같은
> 화학물질들의 농도가 매우 짙어졌기 때문에 주로 발생하게 되었다는
> 사실을 보여줍니다.(LS 23항)

【물 문제】

인간을 비롯한 뭇 생명체의 생명 유지를 위해 반드시 필요한 것이 '물'이다. 따라서 깨끗한 식수는 생존에 있어 가장 중요한 문제다. 오늘날 물 부족 현상은 특히 아프리카에 큰 타격을 주고 있다. 많은 아프리카 사람들은 안전한 식수를 확보하지 못하거나, 농산물 생산이 어려울 정도의 일상적 가뭄에 고통 받고 있다. 더 심각한 문제는 가난한 이들이 이용할 수 있는 물의 질(質)이다. 날마다 많은 이들이 수질(水質) 때문에 죽어가고 있다. 수인성 질병과 미생물과 화학물질이 일으키는 질병에 시달리는 가난한 이들이 많고, 이실과 콜레라로 많은 아이들이 죽고 있다. 사람뿐만이 아니다. 적절한 규제나 관리가 이루어

---

i   '기후위기와 토지에 관한 특별보고서(2019)' IPCC 참조

지지 않고 있는 여러 나라 지역에서 특정한 광업, 산업 활동으로 배출되는 오염물질들이 땅으로 흘러 들어가 지하수가 오염되고 있다. 세계 곳곳에서 사용하는 합성세제와 화학제품 물질들이 강과 호수와 바다로 흘러 들어간다. 다국적 대기업들은 물을 사유(私有)하려 하고 있고, 만약 다국적 기업들이 물을 통제한다면 분명 21세기 커다란 분쟁의 요소가 될 것이다.(LS 28, 29항)

【생물 다양성의 감소】

인간의 근시안적인 경제, 상업, 생산 활동으로 인해 지구 자원이 착취당하고 있다. 숲과 삼림 지대의 파괴와 훼손은 생물 종들의 급격한 감소와 죽음으로 이어진다. 근시안적 인간의 관점은 생물 종을 단순히 활용 가능한 '잠재적 자원'으로 보는 데서 기인한다. 이 관점은 고속도로, 새 플랜테이션, 특정 지역에 울타리 치기, 댐 건설 등과 같은 개발 행위로 자연 서식지를 파괴하고 동식물들은 더 이상 자유롭게 돌아다니지 못한다.(LS 35항) 그 결과 많은 생물 종(種)들이 멸종위기에 놓이게 되었다.

전 세계적으로도 습지대가 경작지로 바뀌면서 발생하는 엄청난 생물 다양성의 상실(맹그로브 습지 파괴), 바다와 대양에 사는 해양식물의 무절제한 포획, 열대, 아열대 바다의 산호초 파괴로 인한 물고기, 갑각류 등의 죽음을 우리는 목격하고 있다.

다양한 생물 종들을 그저 활용할 수 있는 잠재적 자원으로만 여겨 그 고유한 가치를 간과해서는 안 됩니다. 해마다 수천 종의 동물과 식물이 사라지고 있습니다. 이것들은 영원히 사라져 버려서 우리가 전혀 모르게 되고 우리 후손들은 전혀 보지 못하게 될 것입니다. 인간 활동과 관련된 이유로 매우 많은 생물 종들이 사라졌습니다. 우리 때문에 수많은 생물 종들이 더 이상

그들의 존재 자체로 하느님께 영광을 드리지 못하고 그들의 메시지를 우리에게
전해주지 못할 것입니다. 우리가 그렇게 할 권리는 없습니다.(LS 33항)

【인간(人間)】

인간 역시 생명권과 행복권을 누리는 피조물이며, 고유한 존엄성을 지닌 종
(種)이다. 그런데 환경 훼손과 잘못된 개발, 버리는 문화가 인간 삶에도 영향
을 미치고 있다. 자연환경 악화로 가난한 이들이 고통 받고 있다.

예를 들어, 물고기 개체 수의 감소는 다른 생계 수단이 마땅치 않은
영세 어민들에게 특히 어려움을 주게 됩니다. 수질오염은 특히 생수를
사 먹을 수 없는 가난한 이들에게 영향을 주게 됩니다. 해수면
상승은 주로 해안 주변에 사는 달리 갈 곳이 없는 가난한 사람들에게
영향을 미칩니다.(LS 48항)

자연환경 훼손과 변화로 인해 인간 환경에 결정적 피해를 입는 사람들은 수십
억 명에 이르며 인류 대다수를 차지한다. 더 큰 문제는 이들 소외된 이들에 대
한 '다른 이들의 소외' 현상이다. 같은 어머니 지구에서 살아가며 생태, 경제적
문제로 고통 받고 있는 가난한 대부분 이들을 우리는 '부가적'으로 생각하며,
거의 마지못해 다루며 쳐다보고 있다. 생태적으로 소외된 이들이 사회경제적
으로도 가장 뒷전으로 밀려나 있다. 우리는 지구의 부르짖음(cry of the earth)을
외면하며, 가난한 이들의 부르짖음(cry of the poor)도 외면하고 있다.

【기후, 생태위기 원인】

지구 생태 위기의 원인은 무엇일까? 한 단어로 말하면 '시장'이다.

> 절대 규칙이 되어 버린, 신격화된 시장의 이익 앞에서 자연환경처럼
> 취약한 모든 것은 무방비 상태에 놓여 있습니다.
>
> (프란치스코 교종, 「복음의 기쁨」 56항)

이제 신의 자리에 놓인 절대자 '시장'은 경제와 기술의 동맹으로 만들어졌고 이들의 즉각적인 이익과 무관한 모든 것들은 배제되고 죽게 된다. 이 체제는 투기와 경제적 수익 추구를 앞세우는 체제이며, 시장에 의해 강요되고 주입된 '나쁜 소비습관²'으로 인해 더욱 강화된다.(LS 50, 54, 55항)

새로운 신(神), 시장의 신봉자들에게 '분배'는 그와 같은 소수의 사람을 위해, 보편화될 수 없는 방식으로 이루어진다. 소수를 위한 소수의 소유와 권리, 이것이 시장의 믿음이다. 더 암울한 것은 소수에 의해 만들어진 시장의 권력에 맞서는 문화 또한 부족하다는 사실이다. 대안의 길을 찾아 나서고, 후손들을 위험에 빠뜨리지 않을 지도력은 부족하며, 생태계를 보전하고자 하는 법적 틀 역시, 시장의 수하 '기술-경제 패러다임'의 지배를 받고 있다.

【기후 위기의 불공정성】

> 정치와 경제는 빈곤과 환경 훼손에 대해서 서로에게 책임을 전가하려고
> 합니다. … 한쪽은 경제적 수익만을 추구하고 다른 한쪽은 권력의 유지나

---

2   환경오염과 교통, 쓰레기 처리, 자원 손실, 삶의 질과 관련된 문제들에는 관심 없는 습관

확대에만 집착한다면 결국 남은 것은 전쟁이든지 아니면 환경 보호와 가장
취약한 이들을 돌보는 일에는 전혀 관심을 쏟지 않고 정치와 경제 양자가 맺는
불순한 협약입니다.(LS 198항)

지난 2003년 지구온난화로 인도양 수온이 상승해 수단 다르푸르 지역 강수
량이 크게 줄어 가축에게 풀을 먹일 초지가 사라지고 농지가 사막화되었다.
그러자 아랍계 유목민이자 농민들이 아프리카계 농민들의 농지를 침범해 전
쟁이 일어났다. 21세기 최초의 기후전쟁인 다르푸르 분쟁이다. UN에 따르면
2006년까지 기후전쟁으로 최소 40만 명이 죽고 250여만 명의 난민이 발생했
다. 기후 위기는 이처럼 불공정, 불평등하다.

불평등은 개인에게뿐만 아니라 모든 나라에 영향을 미칩니다. 일부 부유한
국가들의 엄청난 소비로 야기된 온난화는 세계의 가난한 지역 특히 아프리카에
영향을 미칩니다. 아프리카에서는 기온 상승이 가뭄과 맞물려 농업에 막대한
피해를 주고 있습니다.(LS 51항)

실제로 10%의 부유한 나라가 온실가스의 50%를 배출한다. 가난한 하위
50%의 사람들 온실가스 배출량은 10% 수준인데 더 큰 피해에 노출되고 취
약하다. 이것이 부유한 국가들의 소비 방식이며 기후 위기의 불공정성이다.

【어떻게 할 것인가】

프란치스코 교종은 "모든 이가 여전히 긍정적으로 관여할 수 있다"며, "우리
의 모든 약점에도 우리가 사랑으로 창조되었기에 반드시 관대함과 연대와 배
려에서 나오는 행동이 샘솟게 될 것"이라고 확신한다. 그리고 과학적 맹신과

자본과 소비의 맹신에서 벗어나, 하느님의 모상(Imago Dei)으로 창조되어 모든 창조물을 보살펴야 하는 특별한 위치에 있는 인간이 행동한다면 해결 방법은 분명 있다. 프란치스코 교종은 말한다; "(우리가) 현재 불균형의 영향을 줄이는 것은 지금 여기에서 하는 행동에 달려 있습니다."(LS 161항)

【행동하기】

프란치스코 교종은 '작은 일상적 행동으로 피조물 보호의 임무를 수행하는 것은 참으로 고결한 일'이라고 말한다.

> 예를 들어 플라스틱이나 종이의 사용을 삼가고, 물 사용을 줄이고, 쓰레기
> 분리 수거를 하고, 적당히 먹을 만큼만 요리하고, 생명체를 사랑으로 돌보며,
> 대중교통을 이용하거나 자동차 함께 타기를 실천하고, 나무를 심고,
> 불필요한 전등을 끄는 것입니다. 이 모든 것이 인간 최상의 면모를 보여주는
> 관대하고 품위 있는 창의력에 속하는 것입니다.(LS 211항)

이 작은 일상의 행동들이 '인간 최상의 면모를 보여주는 관대하고 품위 있는 창의력'이라고 프란치스코 교종은 실천하는 우리를 격려한다. 그리고 이런 일상의 행동들이 선(善)을 퍼뜨려 우리가 생각하는 것보다 더 많은 결실을 가져올 것이다. 민들레 홀씨 같은 희망의 퍼짐이다.

일상적 행동과 함께 세계적 관점에서도 '공동 계획을 가진 하나의 세상(one world with a common plan)'을 생각해야 한다. 공동계획을 통해 기후 변화를 위한 졸속적이고 안이한 해결책인 '탄소 배출권' 거래 전략을 재검토해야 하며, 궁극적으로는 '세계공동재(世界公同材, global commons)' 전체를 다루는 '통치 제도'에 대한 합의와 추진이 필요하다. (LS 174항)

【생태문명을 위한 종교인들의 역할】

국민에 의해 탄핵된 박근혜 정부에서 이미 보았고, 윤석열 정부에서 예견되듯이 권위주의적 태도를 가진 정치권력의 불법적 권한 집행과 폭력에 대해 프란치스코 교종은 '시민들의 압력'이 필요하다고 말한다. 그리고 회칙은 NGO, 즉 비정부기구인 시민사회, 환경단체가 정부에 압력을 가해 더욱 엄격하고 올바른 정책과 절차를 요구해야 한다. 또 회칙은 시민들이 국가와 지역과 지방자치단체의 정치적 권력을 통제하지 않으면 환경 피해를 막을 수 없다고 강하게 말한다.

그리고 곳곳에서의 작은 행동과 경험들이 모여 '온전한 생태계(integral ecology)'를 만든다. 천주교, 개신교, 불교, 원불교, 천도교 등 이웃종단들이 모여 '종교환경회의' 조직을 통해 기후위기 대응을 벌이고 있다. 지구 평균기온 상승을 1.5도로 멈추기 위해 종교인 기후행동을 선언했다.[3] 원불교에서는 이미 100개가 넘는 햇빛 교당을 만들고 있고 재생에너지 100% 인증 교당을 준비하고 있다, 천주교 성당에서는 폐식용유를 모아 바이오 디젤을 만들고, 성당 지붕과 사제관에 태양광 패널을 올리고, 신자 집에는 미니 태양광을 설치한다. 교회에서는 밤에 십자가를 꺼 전기를 절약하는 등 환경운동을 실천하는 '초록 교회'를 곳곳에 만들고, 기후난민을 지원하는 '선한 사마리아인'의 역할을 감당하는 생태 정의 운동도 제안했다. 천도교는 '천도교 기후비상행동'을 출범하였고, 자원순환 활동으로 '유무상점'을 만들고, 해 모심 태양광 사업도 시작했다.

또 종교인들은 만나 생태계와 인간에 대한 폭력과 착취가 있는 곳(4대강 녹조 현장, 밀양, 청도 송전탑 현장, 삼척 석탄 화력발전소 건설현장, 성주 사드 배치 소성리 등)을 찾아가 주민들과 같이 기도하며 순례한다. 매월 셋째 주 목요일 점심시간을

---

3   2020년 9월 22일, 원불교 소태산 기념관

이용해 서울 곳곳을 순례하며 핵 없는 세상을 알리는 종교인 서울 탈핵 순례 길을 떠난다. 실로 우리가 생태 문명으로의 개벽을 위해 함께할 수 있는 실천들은 무궁무진하다.

【나가며-다시 개벽, 생태 문명으로】

프란치스코 교종은 회칙 '찬미받으소서'를 통해 빅데이터 시대, 탈 근대화 소비의 이미지 시대, 매체와 디지털 시대가 우리에게 주는 '집착적인 소비주의'의 영향에서 벗어나라고 권고한다. 우리는 너무도 빨리 현명한 삶을 배우고, 깊이 생각하며, 넉넉히 사랑하는 방법을 잊었다. 정보의 소음 속에서 자기 성찰과 대화, 사람과의 편견 없는 만남, 그리고 그 결실인 참된 지혜를 잃었다.

  하지만 교종은 그리스도교의 오랜 전통인, 소비에 집착하지 않고 깊은 기쁨을 누릴 수 있는 예언적이고 관상적인 삶의 방식을 전해준다. 곧 "적은 것이 많은 것이다(Less is More)." 적은 것으로 행복해지는 능력이며, 바로 검소함(Simplicity)이다. 검소함 속에 '내적 평화'를 이루고 '사랑의 언어'인 자연에 귀 기울여야 한다. 그러면 생태계 보호와 공동선은 반드시 실현된다. 새로운 생태적 패러다임을 위한 그리스도인들의 수행 방식이다.

  리지외[4]의 데레사 성녀는 우리가 사랑의 작은 길을 가고, 평화와 우정의 씨앗을 뿌리는 친절한 말, 미소, 모든 작은 몸짓을 소홀히 하지 말 것을 권유합니다. 또한 온전한 생태계는 폭력, 착취, 이기주의의 논리를 타파하는 단순한 일상 행위로 이루어집니다.(LS 230항)

---

[4] 리지외(Lisieux), 프랑스 바스노르망디 칼바도스주에 위치한 도시

프란치스코 교종은 말한다. "우리의 작은 노력이 세상을 바꿀 수 없다고 생각하지 말라"고. 우리의 작은 행동이 사회에 선(善)을 퍼뜨려 우리가 생각하는 것보다 훨씬 더 많은 결실을 가져올 것이라고. 우리의 행동이 때로는 눈에 잘 뜨이지 않지만, 늘 확산되어 결국엔 큰 선(善)을 불러일으킬 것이라고 교종은 우리를 격려한다.(LS 212항)

회칙 '찬미받으소서'를 통해 우리가 꿈꾸는 세상은 생태 문명의 세상, 개벽의 세상이다. 생태 문명은 '사랑의 문명'이며 '돌봄의 문명'이다. 이제 우리의 일상 속에 생태적 몸짓들이 민들레 홀씨처럼 퍼져나가게 하고, 한 개의 촛불을 켜 돌봄의 문화로 온 세상을 밝히자.

맹주형
◈ 가톨릭농민회에서 일하며 생명·공동체 운동의 중요성을
배웠다 ◈ 토건 개발 정권의 4대강 난개발사업, 제주
제2공항, 설악산 오색케이블카 설치 등을 반대한다 ◈ 생태
문명의 전환을 위한 실천과 연대가 결국 전환을 가져올
것이라 믿는다 ◈ 천주교 서울대교구 사회사목국에서 정의,
평화, 환경(JPIC) 일을 하고 있다

다시쓰다

RE: WRITE

우리는 어디에 살고 있는가?
라투르의 가이아학과 동아시아사상

조성환

【지구는 '가이아'다】

'가이아(Gaia)'는 원래 고대 그리스 신화에 나오는 '대지의 여신(Earth goddness)'
의 이름이었다. 그런데 이 개념이 20세기 후반에 들어와서 전 세계 인문학의
키워드가 될 줄은 아무도 예상하지 못했다. 심지어는 1989년에 한국에서 나
온 〈한살림선언〉에도 '가이아'라는 말이 나올 정도이다.

> 생태계로서 지구는 하나의 살아있는 생명이며 가이아(Gaia)로서의 지구는
> 마음을 가지고 있다고 한다. 대기와 바다와 흙과 더불어 인간과 다른 생물을
> **하나의 생명으로 통합**하고 있는 지구는 엄청난 화학적, 열역학적 비평형의
> 동요에서도 자기를 유지해 왔고 오랜 진화의 과정을 통해 새로운 생태적 질서를
> 창조해 왔다고 한다. 만일 지구가 단순한 무생물체의 고체덩어리라면 어떻게
> 인체가 체온을 조절하듯이 **지표(地表)의 온도를 조절**할 수 있고 모든 지질학적,
> 기상학적인 요동을 겪어내면서 **생명체를 창조**할 수 있었겠는가.(강조는 인용자)

이 선언문에 의하면 '가이아'는 '지구'의 별칭이다. 그것도 대기와 바다, 대지
와 인간, 그리고 모든 생물을 하나의 '생명'으로 통합하고 있는 지구를 말한다.

그런데 이 지구는 마치 인간처럼 '마음'을 갖고 있다고 한다.

그렇다면 "지구에게 마음이 있다"는 것은 무슨 뜻일까? 이에 대한 대답은 맨 마지막 문장에서 찾을 수 있다: "지구는 생태적 질서를 창조하고 지표의 온도를 조절할 수 있는 능력을 지니고 있다." 마치 인간의 신체가 스스로 체온을 조절하듯이, 지구도 스스로 거주 가능한 환경을 만들어 낼 수 있다는 것이다. 아마도 이런 맥락에서 "지구에게도 마음이 있다"고 말한 것이리라.

그런데 이러한 지구론은 우리가 어려서 지구과학 시간에 배웠던 지구론과는 느낌이 다르다. 왜냐하면 지구과학은 말 그대로 '과학'으로서의 지구를 탐구하는 'Earth science'이자 'geoscience'이기 때문이다. 과학은 기본적으로 물체들의 운동을 물리학적 방법에 기초하여 탐구하는 학문이다. 따라서 과학자들의 입장에서는 지구 역시 하나의 물체일 뿐이다. 그래서 지구가 마치 살아있는 생물처럼 자신의 환경을 만들어 나간다는 발상은 생각하기 어렵다. 그렇다면 우리는 〈한살림선언〉의 지구론을 '과학적 지구론'과 구분해서 '가이아 지구론'이라고 부를 수 있을 것이다.

【러브록의 가이아 가설】

그런데 위의 〈한살림선언〉에서는 가이아 지구론을 설명하면서 "~고 한다"는 인용문의 형태를 취하고 있다. 자신의 발견이 아니라 누군가가 이미 말했다는 뜻이다. 그리고 그것을 읽고서 인용하는 형태로 가이아 지구론을 소개하고 있다. 그렇다면 그 선구자는 누구일까?

그는 바로 영국의 대기화학자 제임스 러브록(James Lovelock)이다. 러브록은 1979년에 쓴 『가이아: 지구 생물에 대한 새로운 관점』(홍욱희 옮김, 갈라파고스, 2004/2018)에서 "지구는 가이아"라고 천명하였다. 러브록이 지구를 '여신'에 비유한 것은 지구가 단순한 물체나 환경이 아니라 '살아 있는 생명체'임을 강조하기 위해서였다. 여기에서 '지구가 살아 있다'는 것은 "생물들이 거주하기에 적합하도록 스스로 환경을 조절하는 능력을 지닌 존재"라는 의미에서이다. 마치 인간이 신체를 움직이는 것처럼 지구도 자신의 몸을 조절하는 능력이 있다는 것이다. 이것은 종래의 지구론과는 전혀 다른, 러브록의 저서 제목 그대로 '지구에 관한 새로운 관점'이었다.

그렇다면 지구의 자기조절 능력은 어디에서 온 것일까? 러브록에 의하면, 그것은 지표면에 사는 모든 존재들 덕분이다. 즉 생물은 물론이고 대기나 해양, 암석과 같은 무생물까지도 지구의 조절 작용에 참여하고 있다. 그리고 이것이 바로 '가이아'의 의미라고 한다. 즉 '가이아'란 지구가 하나의 인체와 같이 단일한 생명체라는 의미이기보다는, 지구에 사는 모든 구성원들이 지구라는 환경을 만들고 있고, 그런 의미에서 지구를 하나의 생명체로 볼 수 있다는 뜻이다. 따라서 가이아 지구론에서는 생물과 무생물의 구분이 그다지 의미가 없게 된다. 모두가 지구라는 거주지를 만들고 있는 '주체'에 해당하기 때문이다.

【가이아를 소환한 라투르】

최근에 러브록의 가이아론을 철학계에 불러들인 이가 있다. 프랑스의 철학자 브뤼노 라투르이다. 라투르는 아직 국내에서는 푸코나 들뢰즈만큼 유명하지 않지만, 오늘날 전 세계에서 가장 많이 거론되고 있는 과학인문학자이다. 그것도 이미 1990년대부터 주목받기 시작하였다. 이 점은 1991년에 나온 『우리는 결코 근대인이었던 적이 없다(*We Have Never Been Modern*)』가 무려 24,787회나 인용되었다는 사실로부터도 알 수 있다(2022년 6월 기준). 1991년이면 한국에서는 글로벌라이제이션이나 포스트모더니즘이 유행하기 시작하던 시기이다. 이때에 이미 '근대의 허구성'을 지적한 것이다(참고로 이 책의 일본어 번역본 제목은 '허구의 근대'이다).

이런 라투르가 국내에 소개된 것은 10여 년 전의 일이다. 2009년에야 그의 대표작 『우리는 결코 근대인이었던 적이 없다』가 한글로 번역되었기 때문이다. 그 뒤로 『브뤼노 라투르의 과학인문학 편지: 인간과 자연, 과학과 정치에 관한 가장 도발적인 생각』(2012)과 『젊은 과학의 전선: 테크노사이언스와 행위자—연결망의 구축』(2016) 그리고 『판도라의 희망: 과학기술학의 참모습에 관한 에세이』(2018)이 번역되었다. 작년에는 코로나 상황과 기후 위기 문제를 다룬 신간 『나는 어디에 있는가?: 코로나 사태와 격리가 지구생활자들에게 주는 교훈』과 『지구와 충돌하지 않고 착륙하는 방법: 신 기후체제의 정치』가 번역되었다.

이상의 제목들로부터 알 수 있듯이, 한국에 소개된 라투르는 주로 과학인문학자나 행위자-연결망 이론가로 알려져 있다. 최근에는 '팬데믹'이나 '기후 위기' 문제를 다룬 지구학자로서의 이미지도 부각되고 있다. 그런 라투르에게 '가이아'를 논한 전문 서적이 있다는 사실은, 전문적인 연구자 몇 명을 제외하고는, 국내에서는 아직 알려지지 않은 것 같다. 첫 번째 이유는 번역서가 없기 때문이고, 두 번째 이유는 '라투르=행위자 연결망 이론가'라는 등식이 지배적이기 때문일 것이다.

라투르가 공식적인 자리에서 가이아를 언급한 것은 10여 년 전의 일이다. 2011년에 런던에서 행한 "가이아를 기다리며: 예술과 정치를 통한 공통 세계 만들기(Waiting for Gaia: Composing the common world through arts and politics)"라는 강연이 그것이다. 국내에 『우리는 결코 근대인이었던 적이 없다』가 번역되어 그의 이름이 막 알려지기 시작할 무렵에, 라투르는 '가이아'로 관심을 옮겨가고 있었다. 그로부터 2년 뒤인 2013년에는 기포드 강연(Gifford Lecture)에 초대되어, '가이아'를 주제로 여섯 차례에 걸쳐 강연을 하였다. 정식 제목은 "Facing Gaia(가이아와 마주하기): A New Enquiry Into Natural Religion(자연종교에 대한 새로운 탐구)"였다. 이 강연은 2015년에 불어로, 2017년에는 영어로 출판되었다. 영어 단행본 제목은 "Facing Gaia(가이아와 마주하기): Eight

Lectures on the New Climatic Regime(신 기후체제에 관한 여덟 강의)"이다. 부제를 보면, 책으로 묶으면서 2개의 강의가 추가되었음을 알 수 있다. 또한 이 책의 제3장 제목은 "Gaia, a (finally secular) figure for nature(가이아, (최종적으로 세속적인) 자연의 모습)"으로, 여기에 그의 가이아 이해가 집약되어 있다. 이 외에도 2017년에 쓴 논문 "Why Gaia is not a God of Totality?(왜 가이아는 총체성의 신이 아닌가?)"[i] 등이 있다. 이하에서는 이상의 내용을 중심으로 라투르의 가이아론을 간단히 소개하고자 한다.

【지구학(geology)에서 가이아학(gaialogy)으로】

「왜 가이아는 총체성의 신이 아닌가?」라는 논문의 서두에서 라투르는 그의 특유의 위트가 발휘된 문체로 흥미로운 에피소드를 소개하고 있다.

> 내가 지올로지스트(geologist=지질학자), 지오그라퍼(geographer=지리학자),
> 지오캐미스트(geochemist=지구화학자) 또는 지오폴리틱스(geopolitics=지구정치학)의
> 전문가를 만났을 때의 일이다. 그들의 연구 주제에 대해서 몇 분간의
> 대화를 나눈 뒤에 나는 다음과 같이 결론 짓는다: "그렇다면 왜
> 당신들은 자신이 가이아로지스트(Gaialogist), 가이아그라퍼(Gaiagrapher),
> 가이아캐미스트(Gaiachemist), 또는 가이아폴리틱스(Gaiapolitics)와 깊게
> 관여되어 있는 사람이라고 말하지 않습니까?"

여기에서 라투르가 말하고자 하는 바는, geo-를 탐구하는 학자들이 알고 보

---

i   *Theory, Culture and Society, special issue on Geosocial Formations and the Anthropocene,* Volume 34 Numbers 2-3, March–May 2017, pp. 61-82.

면 gaia-를 탐구하는 학자들이었다는 사실이다. 쉽게 말하면 geo에서 gaia로의 전환을 촉구하고 있는 것이다. 그렇다면 라투르는 왜 이런 전환을 요청하는가? 그것은 geo가 근대 과학의 산물이기 때문이다. 오늘날 학문적으로 사용되는 geo에는 두 가지 함축이 담겨 있다. 하나는 인간과 구분된 'nature(자연)'이고, 다른 하나는 과학적 탐구 대상으로서의 '지구'이다. 둘 다 근대적 세계관에 뿌리를 두고 있다.

그렇다면 라투르가 말하는 gaia란 어떤 것을 말하는가? 그리고 왜 그는 geo가 아닌 gaia를 선호하는가?

> 가이아는 구(球)가 아니다. 그것은 단지 몇 킬로미터 두께의 작은 피막이자,
> 임계영역들의 섬세한 봉투에 지나지 않는다.[2]

여기에서 라투르는, 러브록의 이론의 연장선상에서, 우리가 평소에 알고 있는 지구와는 다른 지구 개념을 소개하고 있다. 그것은 둥근 구형(globe) 전체로서의 지구가 아니라, 지구 표면의 몇 킬로미터에 불과한 얇은 막(membrane)으로서의 지구이다. 지구상의 생물은 이 얇은 피막 주위에서만 살 수 있다. 그런 의미에서 그것은 일종의 '임계영역(critical zones)'이라고 할 수 있는데, 라투르가 말하는 가이아는 공간적으로는 이 임계영역을 말한다.

그런데 이 임계영역으로서의 가이아는 근대적 자연관에서 말하듯이 단순한 물체가 아니다. 그렇다고 해서 어떤 주재자가 있어 가이아를 인도하는 것도 아니다.[3] 그것은 지구에 거주하는 구성원들이 오랜 역사를 통해 만들어 낸 '거주 환경'일 뿐이다. 그래서 가이아를 이해하려면 지구의 역사를 알아야 하

---

[2] Gaia is not a Sphere at all. Gaia occupies only a small membrane, hardly more than a few kilometers thick, the delicate envelope of the critical zones. *Facing Gaia*, p.140.

[3] There is nothing inert, nothing benevolent, nothing external in Gaia. *Facing Gaia*, p.106.

고 만물의 행위를 탐구해야 한다.

바로 이런 이유에서 라투르는 가이아를 글로브(Globe)와 구분한다. 글로브에는, 그것이 종교적이든 과학적이든, 주재자나 통제장치가 있다는 함축이 담겨 있기 때문이다.[4] 하지만 가이아는 글로브와 달리 예측불가능하다. 그것은 우리가 오늘날 겪고 있는 기후변화나 자연재해 등을 보면 알 수 있다. 그래서 가이아는 근대적인 종교나 과학의 틀로는 설명하기 어렵다. 그런 점에서 가이아는 '근대적'이지 않다.

뿐만 아니라 우리는 가이아라는 한정된 '조건' 하에서만 살 수 있다. 즉 가이아만큼만 생존의 자유를 누릴 수 있다. 이에 대해서 라투르는 다음과 같이 말하고 있다.

> 지구생활자들(terrestrials)은 이동할 수 있지만, 지구 또는 **가이아**라고 명명된
> 생명체들의 암석층, 생물막, 흐름, 유입, 밀물이 후대를 위해 어느 정도 지속
> **가능한 거주적합성의 조건들**을 창조해 낼 수 있었던 딱 그만큼의 거리까지만
> 그럴 수 있을 뿐이다. 그 간석지를 넘어서는 단 1미터도 더 나아갈 수 없다.
> 이와 같은 **한계를 누리는 법**을 배워야만 한다. … 우리가 적합한 장비를 지니고
> 누빌 수 있는 몇 킬로미터 두께의 얇은 **생존층**….
>
> (김예령 역, 『나는 어디에 있는가?』, 48쪽)

여기에서 라투르는 인간이 임계영역이라는 '생존층'의 한계 내에서 자유를 누리는 법을 배워야 한다고 말하고 있다. 그런 점에서 가이아는 근대인들의 '무한한' 자유나 진보 개념과 상충된다. 마치 『장자』가 '천지' 안에서의 '소요'를

---

[4] Thus it is not global in the sense that it would work as a system starting from a control booth occupied by some Supreme Distributor, surveying and dominating the whole. Gaia is not a cybernetic machine controlled by feedback loops but a series of historical events, each of which extends itself a little further – or not. *Facing Gaia*, pp.140–141.

말하였듯이, 인간은 가이아 안에서만 자유를 누릴 수 있는 존재이다.

　　라투르의 '가이아학'은 이와 같은 인문학적 의미까지 탐구하는 지구학이라고 말할 수 있다. 마치 토마스 베리가 자신을 신학자(theologian)가 아니라 지구학자(geologian)라고 했듯이, 라투르는 이런 의미에서 자신을 가이아학자(gailogian)라고 자리매김하고 있는 것이다.

【근대적 시공 개념의 전복】

근대의 '자연' 개념은 오늘날의 '기후' 변화를 설명하지 못한다. '가이아학'이 요청되는 또 하나의 이유이기도 하다. 갈릴레이나 데카르트에 의해 제시된 근대적 자연관은 사물로부터 행위성을 박탈시켰다. 라투르는 이것을 'deanimate'라고 표현한다.

　　그런데 오늘날의 기후 변화는 이러한 자연관을 전복시키고 있다. 러브록의 저서 『가이아의 복수(The Revenge of Gaia)』가 말해주듯이, 지구는 인간에게 반격을 가할 수도 있기 때문이다. 이것은 라투르의 '행위자 네트워크 이론' 식으로 말하면, 지구도 하나의 '행위자'임을 시사한다. 엄밀히 말하면 지구에 살고 있는 만물들이 행위자이고, 그것들의 총체가 가이아다. 이 행위자로서의 만물, 즉 가이아가 상호작용하여 만들어 낸 산물이 '기후'이다. 이 기후라는 조건이 오랜 역사를 거쳐 형성되었기 때문에 인간을 포함한 만물이 지구에 거주할 수 있게 된 것이다. 그래서 기후는 역사적 상호작용의 결과라고 라투르는 말한다.

> 만약에 생물들이 살 수 있는 기후가 있다면, 그것은 어떤 '연장(延長)적 사물'이
> 있어서 모든 생물이 그 안에서 수동적으로 살고 있기 때문이 아니다.
> 기후는 상호작용들의 역사적 결과이다. 그것은 생명체들과 함께 확산되고

축소되며 죽어간다.[5]

이에 의하면 만물은 이미 만들어진 공간에 들어와서 사는 수동적 존재가 아니다. 오히려 반대로 자신들이 거주할 공간을 능동적으로 만들어 나간다. 그런 의미에서 라투르는 "공간은 시간의 자손이다"라고 말한다. 시간이 지남에 따라 만물의 거주 공간이 형성되어 왔기 때문이다.

> 만약에 기후와 생명이 함께 진화했다고 한다면, 공간은 틀이 아니고 맥락도
> 아니다: 공간은 시간의 자손이다. 갈릴레오가 전개하기 시작했던 것과
> 정반대이다. 갈릴레오는 공간 속에 각각의 행위자를 위치시키기 위해서
> 공간을 모든 것으로 확장시켰다. 러브록이 보기에 그런 공간은 아무런 의미가
> 없다: 우리가 사는 공간은, 즉 임계영역은 우리가 함께 공모하는 공간이다;
> 그것은 우리가 하는 만큼 펼쳐진다. 우리를 숨 쉬게 해주는 존재들이
> 지속되는 한 우리도 지속된다.[6]

여기에서 우리는 근대적 시공간 개념이 깨지고 있음을 엿볼 수 있다. 절대적 공간 안에 사물이 들어와 있는 것이 아니라, 반대로 지구의 생활자들이 공간을 만들어 내고 있는 것이다. 달리 말하면 지구의 구성원들이 지구를 만들어 가고 있다. 그런데 '인류세'란 그 구성원들 중에서도 특히 인간의 역할이 강조된 시대를 말한다. 산업혁명 이래로 인간의 활동이 지구의 환경을 바꾸기 시작한 시

---

[5] If there is a climate for life, it is not because there exists a *res extensa within* which all creatures reside passively. The climate is the historical result of reciprocal connections, which interfere with one another, among all creatures as they grow. It spreads, diminishes, or dies with them. *Facing Gaia*, p.106.

[6] If climate and life have evolved together, space is not a frame, not even a context: *space is the offspring of time*. Exactly the opposite of what Galileo had begun to unfurl: extending space to everything in order to place each actor within it, *partes extra partes*. For Lovelock, such a space no longer has any sort of meaning: the space in which we live, that of the critical zone, is the very space toward which we are conspiring; it extends as far as we do; we last as long as those entities that make us breathe. 위와 같음.

대가 인류세이다. 따라서 인간이 어떻게 행위하느냐에 따라서 지구라는 공간의 형태도 달라지게 마련이다. 결국 인간과 지구는 공동운명에 있는 셈이다. 이것이 가이아와 인류세가 우리에게 던지는 메시지이다.

【동아시아사상과의 대화】

사실 이런 의미에서의 가이아론은 동아시아사상에서는 크게 새로울 것이 없다. 왜냐하면 전통적으로 동아시아에서는 '감응' 개념으로 천지와 만물을 설명했기 때문이다. 한나라 때 성립한 『회남자』에서는 '동류상감(同類相感)'이라고 해서, 같은 부류끼리는 서로 감응한다고 하였다. 이 개념을 인간과 자연으로까지 확장하면 천인감응(天人感應)이 된다. 이러한 우주론을 정치 영역에 적용한 것이 이른바 동중서의 '천인감응설'이다. 한나라 때의 유학자 동중서는 "군주가 정치를 잘못하면 하늘이 천재지변을 내린다"고 하는 천인상관설을 주창하였다. 지금의 관점에서 보면 다소 신비적이고 비과학적으로 들릴지 모르지만, 천지도 감응한다고 본 점에서는 가이아론과 크게 다르지 않다.

그뿐만 아니라 만물이 어떤 목적이나 섭리에 의해 움직이지 않는다는 라투르의 가이아론은 도가적 우주론과 유사하다. 위진 시대의 도가사상가 곽상(郭象)은 『장자』를 해설하면서, "천(天)이란 만물의 총명(總名)이다," "도(道)는 무능하다"는 말을 남겼다. 즉 전통적으로 만물을 주재하거나 지배하고 있다고 생각되어 왔던 천(天)이나 도(道)와 같은 형이상학적 존재를 거부한 것이다.

그렇다면 이 세계는 어떻게 작동되는가? 그것은 "만물의 자연"에 의해서다. 여기에서 '자연'은 명사로서의 Nature가 아니라 '스스로 그리하다', '저절로 그러하다'는 술어이다. 라투르 식으로 말하면, 우주는 만물 각자의 행위성에 의해서 움직이고 있을 뿐이다. 이러한 우주가 곽상이 말하는 '만물의 총명'으로서의 '천(天)'이다. 만물은 천명(天命)에 의해서 움직이는 것이 아니라, 각자의 자성(自性)에 의해서 움직이고 있다. 그리고 그것들의 총체를 천(天)이라고 부를 뿐이다. 그런 의미에서 곽상의 천(天)은 가이아에 상응한다.

또한 인류세 시대에는 "인간과 지구가 공동 운명에 놓여 있다"는 생각은 19세기의 동학사상가 최시형의 '천인상여(天人相與)' 개념을 연상시킨다. '천인상여'란 하늘과 인간이 서로 함께 한다는 뜻으로, 인류세 식으로 말하면 "인간과 지구가 함께 이 세계를 만들어 간다"는 의미에 다름 아니기 때문이다. 이런 맥락에서 최시형의 '경천(敬天)'이나 '경물(敬物)' 사상은 재해석될 수 있다. 그것은 표면적으로는 인간 이외의 존재, 즉 천지나 만물에 대한 '공경'의 태도를 말하고 있지만, 더 깊게 들어가면 '인간 행위의 경건성'을 요구하고 있기 때문이다.

라투르는 "지구는 가이아다"라는 지구존재론은 말하고 있지만, 인간이 지구에 대해서 어떻게 해야 한다는 지구윤리론은 말하고 있지 않다. 동아시아 사상은 전통적으로 존재론적 탐구보다는 윤리적 실천을 강조해 왔다. 그 대표적인 예가 동학사상이다. 윤리의 범위를 인간 이외의 존재[物]에까지 확장시켰기 때문이다. 그런 점에서 해월의 경물사상은 인류세 시대의 지구-윤리를 말하고 있다고 할 수 있고, 그의 경천사상은 가이아를 대하는 인간의 태도를 설파하였다고 볼 수 있다. 인류세 시대의 서양철학은 동아시아 사상과 점점 더 가까워지고 있다.

조성환
◈ 6월부터 《다른백년》에 〈조성환의 K-사상사〉 연재를 시작하면서, "기후변화 시대의 지구유학(Planetary Confucianism)"을 모색 중이다 ◈ 『한국의 철학자들』, 『키워드로 읽는 한국철학』 등의 저술을 준비하고 있다
◈ 한국연구재단 명저번역 지원사업에 선정되어 아즈마 주지 교수의 『주자학의 신연구』를 번역 중이다 ◈ 죽기 전에 다이나믹한 『한국철학통사』를 쓰는 것이 꿈이다

연약한 생명체에 깃든 신

정동적·감각적 인식론으로서 페미니즘

권수현

【연약한 존재의 죽음이 불러일으키는 정동】

장면 #1. 영화 〈밀정〉에서

영화 〈밀정〉은 일제강점기 조선인 출신 일본 경찰 이정출(송강호 분)이 무장 독립운동 단체 의열단을 추적하다가, 서서히 그리고 어느 순간 완전히 일본 경찰 정체성에서 벗어나 다른 존재가 되는 과정을 그린 영화다. 오래전에 봤기에 그 구체적 변화 과정은 정확히 기억이 안 나지만, '결정적 순간'으로 인식되는 매우 인상적인 장면 하나가 기억에 남는다. 그것은 젊은 여성 의열단원 연계순(한지민 분)이 일본 경찰에 체포된 후 고문 끝에 거적에 덮인 시신으로 수레에 실려 나가는 것을 주인공 이정출이 가까이서 지켜보는 장면이다. 주인공은 시신을 덮은 거적 밖으로 나와 있는 손과 발을 보고 어떤 예감이 이끌려 거적을 열어 시신의 얼굴을 확인하여, 그 시신이 연계순의 것임을 알게 된다.

　나는 바로 그 장면이었다고 본다. 지배하는 권력자의 세계에 애매하게 속해 있었던 주인공은 그 순간 어떤 강렬한 힘에 밀려 그 세계 밖으로 튕겨 나갔다. 무엇이 그를 이동시켰는가. 나는 그 장면을 극중 조선인 출신 일본 경찰인 주인공의 시선으로 보았다. 그때 느껴진 것은 그로서는 도저히 어찌할 수 없는 '연민'이었다. 만약 그 시신이 의열단 리더(공유 분)였다면 그렇게 느껴지지 않았을 것이다. 극중 연계순 역을 맡은 이는 배우 한지민이다. 배우 한지민이었기에, 그 순간 주인공을 흔들어놓은 정동(情動), 그를 존재론적으로 변화시킨 마음의 변화를 제대로 전달할 수 있었다고 본다.

왜 그랬을까. 배우 한지민이 눈을 뗄 수 없게 만드는 젊고 아름다운 여성이기 때문만은 아니다. 그가 가냘프고 연약한 체구, 공격성이 느껴지지 않는 눈빛을 가진 사람이기 때문이었다. 그런 몸, 그런 에너지를 가진 배우 한지민이었기에 가능한 장면이었다. 작고 여린 생명체가 짓밟히는 상상, 그것이 불러오는 연민은 내 안의 작고 연약한 존재가 파괴될 때 발생하는 진동에 대한 감각이다. 주인공 역을 맡은 배우 송강호가 연기한 그 진동이 시청자인 나에게 전달되어 내가 그 주인공이 경험하는 존재론적 지각 변동을 체험했던 것이다.

장면 #2. 넷플릭스 오리지널 〈지옥〉에서

넷플릭스 오리지널 〈지옥〉에는 '지옥의 사자'라고 불리는 괴물들이 '지옥행' 선고를 받은 사람들을 찾아와 난폭하고 잔인하게 죽이는 장면이 많이 포함되어 있다. 이 드라마의 트레일러, 즉 홍보 영상은 첫 번째 희생자가 죽음에 이르는 과정으로 구성되어 있는데, 그것은 마치 일종의 '사람 사냥', 즉 사냥꾼 집단이 표적으로 삼은 사람을 추적하여 사냥에 성공하는 장면과 흡사하다. 그리고 시청자는 그 사냥을 지켜보는 구경꾼 위치에 초대된다.

트레일러 영상에서, '지옥행' 선고를 받은 사람은 예고된 시간이 임박하자 극도의 공포에 사로잡힌다. 드디어 거대한 몸집과 압도적인 힘을 가진 괴물들이 몰려오고, 완전히 겁에 질린 그 사람은 필사적으로 도망을 치지만 괴물들의 추격 끝에 결국 무자비하게 이리저리 마구 내던져지고 팽개쳐져 처참하게 죽게 된다. 이 드라마에서 괴물들에 의해 죽는 사람들은 모두 그런 가혹하고 무자비한 방식으로 죽게 될 것임을 예상하게 된다.

이 홍보 영상에서 괴물들의 '사람 사냥'의 첫 번째 희생자로 선정된 사람은 젊은 남자였다. 그 배역을 맡은 배우는 몸집이 작고 가냘픈 이였다. 자신을 방어할 수단과 힘이 없는 연약한 사람이 겁에 질린 채 쫓기다가 잔혹하게 죽임을 당하는 장면에서 나는 영화 〈밀정〉에서 배우 한지민의 시신이 실려 나가는 장면을 떠올렸다. 두 개의 장면이 겹쳐지면서, 내가 〈밀정〉에서 느꼈던 '무너짐'을 다시 느꼈다.

유독 잔인하게 폭력적인 콘텐츠가 많은 넷플릭스에서 〈지옥〉의 홍보 영상을 이렇게 구성한 이유는 무엇일까. 첫 번째 희생자의 연약함과 대비된 괴물의 파괴력은 더욱 강조되고 강력해 보였다. 힘센 자들이 만만하고 약한 자를 표적 삼아 따라다니며 괴롭히고 고문하여 상대의 인간성을 무너뜨리고, 신체를 훼손하는 것. 이 장면이 집단 사냥의 문법으로 구성된 것은 시청자를 인간 사냥의 구경꾼으로 자리매김하여 가학적 쾌감을 느끼도록 자극하기 위한 것이다. 이 홍보 영상에서 작고 여린 신체를 가진 남자를 첫 번째 희생자로 선정한 것은 그런 방식으로 관객의 관심을 유도하기 위한 장치다.

연약한 생명체에 깃든 신이 있다면, 그것은 그것을 보는 이로 하여금 자기 안의 연약함을 자각하고, 그것이 상처받거나 짓밟히거나 파괴되는 상상을 통해 인간에 대한 사랑으로 확장되게 하기 때문이다. 흔히 우리가 '연민'이라고 부르는 것, 그것은 자기 안에 남아 있는 희망과도 같은 것이 아닐까 싶다. 연약한 생명체에 깃든 신, 그것을 볼 수 있는 사람들이 아직 많이 남아 있을 때, 세상은 살만한 곳이 되는 것이 아닐까 싶다. 넷플릭스의 〈지옥〉에서는 그런 희망이 느껴지지 않았다.

【기억의 계보와 마음의 습관】

내가 영상 텍스트 속 연약한 존재의 죽음에서 느끼는 정동, 그 죽음을 인식하는 방식은 언뜻 서로 무관해 보이는 몇 가지 기억들과 관련되어 있다. 그것은 서로 다른 시공간에서 생겨난 기억들이 어떤 계기를 통해 연결되어 하나의 계보를 형성하면서 생겨난 독특한 시선, '마음의 습관'에서 생겨나는 것이다.

기억 #1. 강아지의 죽음

연약한 존재의 죽음을 바라보는 나의 시선을 형성한 기억 중 하나는 어릴 적 보았던 강아지의 죽음이다. 집을 지키게 할 목적으로 부모님이 어디선가 강아지를 데려왔다. 그러나 집을 지키기엔 태어난 지 겨우 몇 주밖에 안 된 어린 강아지였다. 동물을 가까이서 본 적이 없는 나는 사람만 보면 따라다니는 강아지가 무서워서 도망 다녔다. 날씨가 추워지자 강아지는 더욱 사람을 찾아 자꾸 집으로 들어왔고, 현관과 방안에 똥과 오줌을 쌌다. 예상치 못한 난감한 상황에 가족들 모두 강아지에게 짜증을 냈고, 강아지를 멀리했다. 인간 보호자에게 외면당한 채 마당에 홀로 남겨진 강아지는 초겨울 기온이 영하로 내려간 어느 날 죽었다.

강아지의 죽음은 충격과 함께 몇 가지 도덕 감정을 남겼다. 나는 사람의 사랑, 관심, 보살핌을 받지 못한 채로 더는 살아갈 수 없었던 강아지에게 미안했다. 무관심, 외면, 혐오 속에서 죽게 내버려 두었다는 데 죄책감을 느꼈다. 낯선 동물이 무서웠던 나머지 사람에게 전적으로 의존해야 생존할 수 있는 강아지에게 다정하게 대해 주지 못한 것이 후회로 남았다. 세월이 흐르면서 충격은 옅어졌지만 그러한 감정은 희미한 기억으로 저장되어 있다가, 간혹 문득 떠올랐고, 건드려졌고 그때마다 내 몸에서 그 감정들이 화학 물질처럼 배출되곤 했다.

기억 #2. – 영화 속 악당의 시선으로 본 '천사'의 죽음

연약한 존재의 죽음에 대한 강렬한 기억 중 하나는 청소년기에 보았던 페데리코 펠리니 감독의 1954년 영화 〈길 La Strada〉이다. 영화 〈밀정〉의 주인공인 조선인 경찰 이정출이 악당이라고 하기엔 어설프고 모호하고 갈피를 잡기 못하는 캐릭터였다면, 〈길〉의 주인공은 전형적 악당 캐릭터다. 거구의 중년 사내

인 떠돌이 곡예사 잠파노는 가난한 시골 소녀 젤소미나를 인신매매로 데려와 조수로 부리면서 물리적, 경제적, 성적으로 착취하고 학대한다. 그는 옛 동료와 싸움 끝에 살인을 저지른 뒤 도망치고, 살인 현장을 목격한 젤소미나가 충격을 받고 정신을 놓아 버리자 그녀를 버려두고 떠나는 그런 인물이다.

그런 악당 잠파노가 젤소미나의 죽음을 계기로 '변위(trans-position)', 즉 존재의 질적 변화를 겪는다. 영화 〈밀정〉에서 연계순의 비극적 죽음이 조선인 경찰 이정출에게 일으킨 변화처럼 말이다. 영화 속 두 인물이 경험한 위치 이동은, 우주인이 멀리 떨어진 다른 행성에 도착한 것에 비견될 수 있다. 그리고 그 이동은 우주선이 발사될 때 발생하는 격렬한 진동, 엄청난 에너지가 응축된 추력에 의해 다른 세계로 밀어내는 압력, 그러한 물리적 힘과 진동이 온몸에 전달되는 감각을 동반한다.

대체 젤소미나가 어떤 사람이었기에 악당 잠파노에게 그런 변화를 일으킨 것일까. 세상 사람들이 '바보'로 여기는 젤소미나는 자기 자신을 방어하는 데 필요한 힘과 기술, 마음의 에너지가 전혀 보이지 않는 인물이다. 부모에게 버려지고 잠파노에게 거듭 학대를 겪어도 한결같이 선량한 마음과 무해한 분위기를 잃지 않는, 누구에게나 다정하고 따뜻한 품성을 가진 인물이다. 젤소미나를 두고 떠난 지 한참의 세월이 흐른 뒤, 잠파노는 서커스 공연을 위해 들른 어느 마을에서 우연히 젤소미나의 소식을 듣는다. 자신이 남겨두고 떠난 젤소미나가 그곳에서 시름시름 앓다가 끝내 죽었다는 것을 알게 된 것이다.

영화 〈밀정〉에서 그랬던 것처럼, 나는 젤소미나의 죽음을 주인공인 악당 잠파노의 시선으로 보았고, 그의 변화를 함께 경험했다. 잠파노에게 두드러진 변화가 보인 시점은 두 번이다. 첫 번째 순간은 잠파노가 자신이 저지른 살인 현장을 목격한 젤소미나가 '정신이 이상해지는' 것을 지켜보는 시점이다. 그 충격으로 인해 젤소미나의 마음이 산산이 부서진 것이다. 잠파노는 자신이 저지른 살인으로 인해 젤소미나의 영혼이 무너진 것을 보고 처음으로 미안함, 안타까움, 당혹감 등 '인간의 마음'을 품는다.

두 번째 순간은 젤소미나의 마지막 소식을 접하고 난 후이다. 심신이 극도로 쇠약해진 젤소미나가 여전히 모든 이에게 친절한 마음을 간직한 채, 죽음을 맞이했다는 것이다. 젤소미나의 죽음이 불러일으킨 잠파노의 변화는 잠파노가 회한 속에 짐승처럼 울부짖는 마지막 장면으로 압축적으로 표현된다. 그 장면은 젤소미나가 죽은 후 비로소 그 영혼에 접속한 주인공이 존재론적 전환의 진동을 겪는 순간이라고 할 수 있다.

청소년기에 영화 〈길〉에서 젤소미나의 죽음을 통해 악당 잠파노가 겪은 존재론적 질적 변화를 지켜본 후, 나에게도 작은 변화가 생겼던 것 같다. 연약한 존재의 죽음을 접할 때, 때로는 희미하게, 때로는 강렬하게, 무엇보다 반복적으로, 어릴 적 죽었던 강아지와 영화 속 캐릭터 젤소미나가, 나의 삶과 내가 접한 숱한 텍스트 속 연약한 존재들이 떠올랐다. 그런 기억들이 작용해서 작고 연약한 생명에게서 구원 또는 희망을 발견하는 그런 마음의 습관이 생겼다.

넷플릭스 오리지널 〈지옥〉의 홍보 영상에서 첫 번째 희생자인 작고 가냘픈 몸집을 가진 남자가 잔인하게 살해되는 장면, 나는 그 장면을 영화 〈길〉에서의 젤소미나의 시선으로 보았다. 그 장면에서 내가 겪은 '무너짐'은, 젤소미나가 살인 장면을 목격하고 겪은 영혼 파괴의 대리 체험 같은 것이다. 역설적이지만 그런 무너짐을 통해, 나는 구원받은 듯한 느낌을 받았다. 내가 연약한 생명에게 신이 있다고 믿는 이유다.

【감각적/정동적 인식론으로서 페미니즘】

오드리 로드, 벨 훅스, 글로리아 안잘뒤아 등 흑인 페미니스트와 유색인 페미니스트들의 글을 읽으며 보낸 대학 과정 2년이 기억난다. 한 번도 본 적이 없던 생소한 유형의 글이었다. 그 글이 나를 뒤흔들었다. 권력의 횡포를 몸으로 겪은 경험들이 지식의 토대였다. 일상으로부터 생명력을 얻은 글이었다.

- 사라 아메드, 『페미니스트로 살아가기』중에서 26쪽.

권력을 가진 자의 관점이 아니라, 권력에 의해 억압되고 차별되고 배제되고 지워지는 자의 관점에서 세상을 바라보는 것, '관점 혁명'은 페미니즘 인식론의 출발점이자 토대라고 할 수 있다. '여성과 소수자' 또는 '타자'의 위치에서 세상을 바라볼 때, 비로소 보이고, 감지되고, 이해되는 것들이 있다. 그 위치에서 살아가는, 피와 살과 감정을 가진 존재인 살아있는 사람들의 관점, 경험, 지식이 보이고, 들린다. 그 장소는 '감각적/정동적 인식'이 생겨나는 장소다.

페미니즘을 통해 접한 '감각적/정동적 인식론'은 그동안 내가 이해했던 '안다는 것'에 대한 태도를 바꾸어 놓았다. 페미니즘은 일종의 삶의 기획(project)이다. 즉, 타자화된 삶을 살아가는 사람들의 입장에서 세상을 보고자 하는 의지, 그들의 살아있는/현실적 경험에 접속하고자 하는 태도, 그 위치에서 바라본 현실을 지식으로 만들어내고, 변화를 위한 이론적, 실천적 개입을 하겠다는 약속이다.

나에게 연약한 생명의 죽음을 바라보는 관점, 마음의 습관을 만들어준 것은 이러한 페미니즘과 문화 이론이다. 그중에서도 "권력의 횡포를 몸으로 겪은 경험들"을 지식의 토대로 삼는 글, 성차별주의와 인종차별주의에 맞서 세상을 바꾸고자 하는 현실의 경험에서 생성된 이론, 그런 지식에서 가장 큰 자양분을 얻었다. 그런 지식을 통해, 어떤 방식으로든 세상의 표준에서 벗어난 몸을 가진 사람들을 바라보고 그들의 삶에 접속하는 훈련을 받았다.

이 인식론을 처음 접했을 때, 나는 페미니즘의 '정황적 지식'은 '여성과 소수자' 혹은 '타자'의 위치, 그 자리에 '머무르는 것'을 통해서 얻어지는 것이라고 이해했었다. 최근 내가 페미니즘의 지식 생산 방법론의 한 측면으로 주목하고 있는 것은 위치의 '이동', 존재의 질적 변화다. 영화 〈밀정〉에서 조선인 경찰 이정출이, 영화 〈길〉에서 악행을 일삼던 잠파노가, 연약한 타자의 죽음을 계기로 다른 사람이 된 것, 넷플릭스 오리지널 〈지옥〉의 홍보 영상에서 내가 첫 번째 희생자의 죽음을 성공적인 사냥을 지켜보는 구경꾼이 아니라 당사자의 관점에서 바라본 것, 이 장면들에서 연약한 존재의 죽음을 목격한 자들은 후회, 죄의식, 비통함을 겪는다. 나는 요즘 그러한 정동이 만들어낸 존재론적 지각 변동, 존재의 질적 변화에 관심이 간다.

연약한 생명, 타자화된 존재에 접속할 수 있는 사람이 많을 때, 그 위치에서 세상을 바라보는 사람이 많을 때, 그런 위치에서 살아가는 사람과의 관계를 통해 소수자의 인식 세계로 이동하는 사람이 많을 때, 세상은 살 만한 곳이 된다고 느끼고 있다. 이 글을 쓰면서 아주 오래전 읽은 권정생의 『몽실언니』를 다시 읽고 싶어졌다. 도서관에서 빌려보려고 찾아보았으나, 내가 사는 도시 내 도서관에 소장된 모든 『몽실언니』가 대출되어 얼마간 기다린 후에야 읽어볼 수 있었다. 문득 희망이 있구나, 그런 생각이 들었다.

권수현
◈ 페미니즘/문화 이론을 공부했고, 영화와 그림책을 좋아합니다 ◈ 대학에서는 젠더와 가족/문화/친밀성/폭력, 여성과 소수자 등의 과목을 강의했습니다 ◈ 저의 핵심 키워드는 '난민 의식'입니다 ◈ '난민의 영혼'이 저를 여성 운동, 페미니즘, 문화 이론의 세계로 이끌었고, 앞으로 그간의 다양한 활동 경험을 바탕으로 페미니즘 문화 이론과 분석방법을 쉽게 소개하는 글을 쓰고 싶습니다 ◈ 특히 어린이를 위해서 다양하고 평등하고 안전한 생태 문화 환경을 만들어 나가는 일을 하고 싶습니다

인류세 시대의 인간과 자연

폐허 이후의 세계를 어떻게 볼 것인가?[i]

번역 조성환

시노하라 마사타케

[역자 주] '인류세(anthropocene)'는 오늘날 서양에서 '기후(climete)'라는 말과 함께 가장 많이 회자되고 있는 개념이다. 기후변화가 자연 현상을 지칭한다면, 인류세는 그 현상이 일어나는 시대를 가리킨다. 학자들은 인류세의 시작을 산업혁명으로 보고 있다. 이때부터 인간의 산업 활동이 활발해지면서 지구가 변하기 시작했다는 것이다. 그 결과가 오늘날 우리가 직면하고 있는 기후변화와 생태위기이다. 따라서 인류세는 개벽학적 개념으로 말하면, "천지가 개벽"되는 사건을 지칭하는 지질학적 용어라고 할 수 있다. 그러나 이때의 개벽은 자연적 현상이 아니라 인간의 활동이 초래한 인위적 변화라는 점에서 '다시개벽'이나 '후천개벽'이라고 할 수 있다. 한나 아렌트 식으로 말하면 "인간의 조건"이 변화하고 있는 것이다. 물론 동학에서 말한 다시개벽과 후천개벽은 인간의 물질적 조건의 변화에 따른 정신적 성숙이 동반되어야 한다는 의미로 사용되었지만.

이 글의 저자인 시노하라 마사타케(篠原雅武, 1975~)는 현재 일본에서 '인

---

i 이 글은 저자의 「日常の亀裂/亀裂の未来—瓦礫化以後の以後の世界をめぐる表現と思考」을 보완한 것이다(長谷川祐子 外, 『新しいエコロジーとアート: 'まごつき期'としての人新世』, 以文社, 2022.05에 수록). 번역하는 과정에서 새롭게 〈들어가며〉를 추가하였다. 〈들어가며〉는 2022년 4월 21일~4월 23일에 원광대학교에서 개최되었던 지구인문학술대회(온라인) 《인류세 시대의 지구와 문명 – 인간의 조건에 대한 성찰》에서 저자가 행한 기조강연 발제문에 들어 있는 내용이다. 번역문의 각주에 있는 영어 원문은 번역자가 추가한 것이다.

류세 철학' 담론을 주도하고 있는 소장학자이다. 교토대학에서 한나 아렌트 연구로 박사학위를 하였고, 최근에는 티모시 모튼의 생태학과 인류세 철학을 연구하고 있다. 초기 저서로는 『공공 공간의 정치이론(公共空間の政治理論)』(2007), 『공간을 위하여(空間のために)』(2011), 『전일생활론(全-生活論)』(2012), 『살아진 뉴타운(生きられたニュータウン)』(2015)이 있고, 2016년부터는 생태학과 인류세 연구로 전환하여, 『복수성의 생태학: 인간 아닌 존재의 환경철학(複数性のエコロジー: 人間ならざるものの環境哲学)』(2016), 『인류세의 철학: 사변적 실재론 이후의 '인간의 조건'(人新世の哲学: 思弁的実在論以後の「人間の条件」)』(2018), 『인간 이후의 철학: 인류세를 산다(「人間以後」の哲学: 人新世を生きる)』(2020)를 간행하였다. 이 외에도 티모시 모튼(Timothy Morton)의 『자연 없는 생태학(Ecology Without Nature)』을 일본어로 번역하였고(『自然なきエコロジー: 来たるべき環境哲学に向けて』, 2018), 영어 논문으로는 "Rethinking the Human Condition in the Ecological Collapse(The New Centennial Review 20(2), 2020)"가 있다.

최근에는 한국과의 학술교류도 활발하다. 2021년 10월에는 공주교대 글로컬인문학연구소와 원광대학교 원불교사상연구원이 공동으로 기획한 콜로키움 〈인류세 시대의 철학과 교육〉에서 강연을 하였고, 2021년 12월에는 건국대학교 몸문화연구소에서 개최한 국제학술대회에서 학술발표를 하였다. 2022년 4월에는 원광대학교 원불교사상연구원이 주관한 지구인문학 국제학술대회 《인류세 시대의 지구와 문명-인간의 조건에 대한 성찰》에서 〈일상의 균열/균열의 미래〉라는 내용으로 기조강연을 하였다. 이때까지는 온라인으로만 참여했는데, 2022년 11월 10일에 원광대학교 동북아시아인문사회연구소에서 주최하는 국제학술대회에는 한국을 직접 방문할 예정이다.

저자는 이 글에서 티모시 모튼, 디페시 차크라바르티, 퀑탱 메이야수와 같은 현대 철학자들의 논의를 참고하면서, 일본이라는 현장에서 인류세가 던지는 철학적 의미를 사유하고 있다. 자연의 위력 앞에서 인간이 느끼는 연약함과 불안함, 그리고 인간과 자연의 이분법이라는 근대적 도식의 붕괴와 같은 철학적 문제들을, 2011년 동일본대지진의 폐허의 현장과 2020년 코로나 봉쇄의 일상을 사진에 담은 카와우치 린코(川内倫子)의 작품들을 통해서 사유하고 있다. 이 글을 통해서 독자들은 '지진'이라는 지역적(로컬) 경험과 '인류세'라는 지구적(글로벌) 문제가 어떻게 철학적으로 이어질 수 있는지, 이에 대한 저자의 방법론을 엿볼 수 있을 것이다.

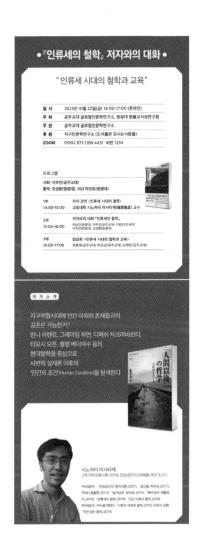

【들어가며】

대기화학자 파울 크뤼천(Paul Jozef Crutzen, 1933~ 2021)은 2002년에 쓴 논문 「인류의 지질학(Geology of Mankind)」의 서두에서 다음과 같이 말하고 있다.

> 지난 3세기 동안 인간이 지구 환경에 끼치는 영향력은 증대하였다. 인간이
> 원인이 된 이산화탄소의 배출 때문에 지구적 기후는 다가올 수천 년 동안
> 자연스런 운행으로부터 현저하게 벗어나게 될 것이다.[2]

인간이 환경에 끼치는 영향은 이산화탄소 배출에 한정되지 않는다. 인구 증가, 가축 증가에 동반되는 메탄가스의 배출, 인위적 토지의 개량, 삼림 벌채, 댐 건설, 하천 흐름의 변경 등등. 이것들의 축적으로 인해 기후는 불안정해지고, 그것과 연동되는 형태로 태풍의 심화, 산불과 가뭄의 빈발과 심화, 식량 생산량의 감소와 같은 일이 발행하고 있다.

생각해 보면 중요한 것은 이것을 언어로 뭐라고 부를까가 아니다. 기존의 이론으로 설명하는 것도 아니다. 오히려 이 상황을 어떻게 느끼는가, 어떻게 파악하는가, 어떤 것으로 이미지화할 것인가, 이 상황에서 인간의 생활 방식은 어떻게 되는가를 묻고, 상상해 보는 것이 중요하다. 이제 우리는 누가 되었든 지 간에 이 물음과 함께 살아가지 않을 수 없다. 왜냐하면 이것은 생존의 기반 그 자체의 불안정화에 관한 사태이기 때문이다. 사람들은 불안하고, 앞으로 어떻게 될지 모르기 때문에 불안정하다는 감각을 품지 않을 수 없기 때문이다.

하지만 이 불안, 부정(不定)의 감각을 직시하는 것은 어렵고, 그래서 사람들

---

2   For the past three centuries, the effects of humans on the global environment have escalated. Because of these anthropogenic emissions of carbon dioxide, global climate may depart significantly from natural behaviour for many millennia to come. Paul J. Crutzen, "Geology of mankind", *Nature*, volume 415, 03 January 2002. 원문은 인터넷 사이트에서 열람할 수 있다: https://www.nature.com/articles/415023a

은 그것을 느끼지 않으려고 한다. 그래도 감각이 예민한 사람들은 이 부정(不定)의 상태, 취약한 상태에 반응하는데, 그 반응에서 느끼는 것을 다른 사람들에게 전하려고 한다. 거기에서 나오는 표현이야말로 현대적인 생태학 사상과 공명하는 것이라고 할 수 있는데, 그것이 현재 어떤 것으로 되어 있는가, 나아가서는 앞으로 어떤 표현이 나타날 수 있을지를 함께 생각할 수 있는 장소가 지금 요구되고 있다.

　　나는 그것이 아주 작은 장소여도 좋다고 생각한다. 소규모 모임의 장소를 가까운 곳에 여기저기 만들어서, 그곳을 오가면서 언어화하기 이전의 미세한 뉘앙스나 분위기를 동반한 교류 속에서, 행성 규모로 일어나고 있는 거대한 변동과, 아주 가까운 곳에서 일어나고 있지만 별로 알아차리지 못하고 있는 것에서 느껴지는 정묘(精妙)한 움직임의, 눈에 보이지 않는 그물코를 상상하면서, 지금 무슨 일이 일어나고 있는지를 함께 생각해 나가는 것이 중요하다고 생각한다.

【세계의 이중성】

근대의 도입 이후 인간은 두 세계에 살게 되었다. 하나는 과학기술로 구축된 작위의 세계이고, 다른 하나는 자연 세계이다. 두 세계는 구분되고 단절되게 되었다. 그리고 세계의 인위성은 자연으로부터의 소외, 조화의 파탄이라는 관점에서 문제시되고 있고, 어떻게 하면 그것이 다시 통합될 수 있는지가 물어지고 있다. 그런데 현재의 기후 변화와 온난화는 양자를 나누는 구분이 과연 유지될 수 있는가 하는 물음을 던지고 있다. 지구온난화, 자연 재해, 코로나 바이러스의 만연이 일상화되고 있는 가운데, 우리는 우리가 살고 있는 곳이 인간 중심적인 것으로는 자기 완결되지 못하고, '행성적인 것'에 둘러싸이고 침투되어 가는 것을 불안과 함께 느끼고 있다.

'인류세 인문학'의 효시라고 할 수 있는 논문을 여러 편 쓴 것으로 유명한 디페시 차크라바르티는 2019년에 쓴 「행성: 부상하고 있는 인문학적 카테고리」라는 논문에서 다음과 같이 말하였다.

> 자연과 인간의 구별이 궁극적으로는 유지될 수 없게 되고, 세계적인 규모의
> 인간 활동이 지진과 쓰나미와 다른 '자연' 재해들의 빈번한 발생을 가져올지
> 모른다는 증거가 수집됨에 따라, 내가 역사성의 '행성적 체제(planetary regime)'
> 내지는 '인류세 체제(anthropocenic regime)'라고 부르는 것에 즉해서
> 역사를 쓰고 있는 사람들에게는 행성 그 자체가 실존적 관심이 가는 곳으로
> 부상하게 되었다.[3]

여기에서 차크라바르티가 인간과 자연의 구분이 유지되기 어렵게 되었다고 한 말이, 반드시 인간 세계와 자연 세계가 이음새 없이 연관되어 있음을 의미하는 것은 아니다. 문화(인간)와 자연(비인간)을 연속적인 것으로 파악하고, 하나의 'natureculture'로 이해하는 입장과는 다르다. 우리가 만나는 것은 인간 세계와 관계되지 않으면서도 인간 세계를 일부분으로 하는 광대한 영역으로서의 자연 세계이고, 두려워해야 하는 것으로서의 자연 세계이자 타자(otherness)로서의 자연 세계이다.

실제로 차크라바르티는 "광대한 비인간적(非人間的) 차원의 과정"과 관계된 개념으로서의 '행성'을 예시(豫示)한 사람으로 퀑탱 메이야수(Quentin Meillassoux)를 평가한다. 퀑탱 메이야수가 말하고 있듯이, 행성은 "사유, 심지어는 생명의 출현에 앞서는 것으로, 즉 인간이 세계와 관계 맺는 모든 형태에

3   But as evidence gathers that the nature/human distinction is, ultimately, unsustainable and that human activities world-wide may even contribute to the increasing frequency of earthquakes, tsunamis, and other "natural" disasters, the planet as such has emerged as a site of existential concern for those who write its histories in what I have called the planetary or anthropocenic regime of historicity. Dipesh Chakrabarty, "The Planet: An Emergent Humanist Category," *Critical Inquiry* 46, Autumn 2019, p.5.

앞서는 것으로 존재한다.”[4] 즉 인간은 두 세계에 살고 있다. 하나는 인간이 자신의 생존을 위해 구축한 인공적 세계이고, 다른 하나는 인간과 무관하게 존재하는 행성적 자연 세계이다.

이와 같은 지적 이해는 어떠한 감각, 즉 자연에 대한 새로운 감각을 동반하게 될 것이다. 자연으로부터 단절된 인공 환경의 구축, 이 작위의 논리 하에서 자연은 통제되고 물리쳐져야 할 대상으로 여겨졌다. 하지만 지금 우리가 만나고 있는 것은 인간의 생존을 위협하는 두려워해야 할 존재로서의 자연이자 타자로서의 자연이다.

오늘날의 사상, 넓은 의미에서의 철학적 사고는 우리의 공동적 삶의 조건이 붕괴되는 감각에서 시작하지 않으면 안 된다. ‘붕괴의 감각’이란 인간 세계와 자연 세계를 구분하는 경계가 붕괴되고 있다는 감각이다. 세계가 변하고 있다는 감각이다. 그리고 그것은 자유의 문제와 관계가 있다. 사고의 자유, 상상의 자유, 표현의 자유, 이것들은 모두 붕괴를 거쳐서 뚜렷해지려고 하는 리얼한 것과 마주하고, 그것과 접촉해 나가는 것에 대한 자유이다. 그리고 이것은 넓은 의미에서의 예술에서의 표현론의 문제와도 관계된다.

【급진적 절단 이후에 오는 미래의 징조】

오늘날의 인간은 전통적인 인간 세계를 초월한 곳에 펼쳐져 있는 행성적인 것으로서의 세계와 접촉해 나간다. 현재 요구되고 있는 것은, 거기에서 가능해지는 새로운 사고와 창조를 자유롭게 행사하기 위한 조건의 구축이다. 그러기

---

[4] The planet exists, as Quentin Meillassoux says, "as anterior to the emergence of thought and even of life-posited, that is, as anterior to every form of human relation to the world." Ibid.; p.25. [역자주] 차크라바르티가 인용한 메이야수의 원문의 출처는 다음과 같다. Quentin Meillassoux, *After Finitude: An Essay on the Necessity of Contingency*, trans. Ray Brassier (New York, 2009), p.10. 이 책은 국내에도 번역되어 있다. 퀭탱 메이야수 지음, 정지은 옮김, 『유한성 이후: 우연성의 필연성에 관한 시론』, b, 2010.

위해서는 이것을 방해하는 과거의 세계상의 감옥으로부터 철저하게 벗어나고 달아날 필요가 있다.

여기에서 단서가 될 수 있는 표현의 하나로 카와우치 린코(川内倫子, 50)의 사진에 주목하고자 한다. 그것은 2020년 5월 10일자 《가디언》에 실린 사진이다. 세계 각지에서 활동하고 있는 한 사진작가가 코로나 바이러스의 유행으로 전 세계적으로 진행된 봉쇄를 통해 느낀 점을 담은 사진들이다. 이 중 하나는, 뒤뜰에서 벌레를 찾고 있는 그녀의 세 살짜리 딸과 그녀의 친구 아들이 비스듬히 내리쬐는 투명한 태양으로, 희미한 빛에 감싸여 있는 모습을 담고 있다.

일본에서 코로나로 긴급사태 선언이 내려진 것은 2020년 4월 16일이었는데, 사진은 17일 전에 찍은 것이다. 카와우치 린코는 자신의 작품에 대해서 다음과 같이 썼다.

> 아이들은 우리의 미래의 은유이고, 나는 미래가 밝음과 빛으로
> 감싸여지기를 바란다.[5]

카와우치는 미래를 시각화했다. 나무들과 태양빛, 그것들은 단순히 일상을 소박하게 시각화한 것이 아니다. 사진은 일상에서 직조된 하나의 영역이 일상의 간극에서 열리는, 그 순간을 포착하고 있다. 간극의 저편에 현재와는 다른 차원의 미래가 있을지 모르지만, 아이들은 나무가 발하는 공기와 태양에 감싸여, 거기에서 놀면서 우리의 경직된 일상 세계에 미래 세계의 일단을 불러들이고 있는지 모른다.

카와우치는 사진 잡지 《IMA》의 특집호 인터뷰에서 자신의 작품이 '일상'이라는 말로 평가되는 것에 대한 위화감을 솔직하게 표명하고 있다.

---

[5] https://www.theguardian.com/artanddesign/2020/may/10/through-my-lockdown-lens-11-leading-photographers-capture-their-confinement

68

(제 작품에는) 일상에 있는 비근한 피사체가 많기 때문에 그렇게 말해지겠지만, 저로서는 무엇을 찍었는지는 그다지 중요하지 않아요. 한 장의 사진의 의미보다도, 구성으로부터 보이는 것이 중요하다고나 할까. 그런 의미에서 저는 추상을 찍고 있다고 생각합니다.[6]

카와우치가 구성을 중시하는 것은 자신을 둘러싼 세계에서의 간극, 구멍, 균열을 드러내는 것에 모든 것을 걸고 있기 때문이 아닐까? 즉 그녀가 말하는 구성은 표현 행위에 앞서 존재하는 작가의 의도(의미 부여 작용)에 현실을 따르게 하는 작위적 행위가 아니다. 내적 자아, 자기표현을 위한 작위적 구축으로서의 조작이 아니다. 오히려 자아에서 유래하는 작위의 의지 그 자체를 벗어나서, 촬영이라는 일회적이고 우연적인 행위를 통해서, 자연에 의해 주어진 공간으로서의 세계 그 자체를 '일상'으로서의 인간 세계의 균열을 통해 드러나게 하는 구성이 아닐까? 일상의 인간 세계는 항상 자연의 무서운 힘과 접해 있고, 그것에 의해 침투되어 있어서, 자칫하면 붕괴될지 모르는 상태에서 성립하고 있다. 그와 같은 인간 세계의 실재를 카와우치는 사진 작품에 정성스럽게 남긴다.

　코로나 바이러스 하에서의 봉쇄 상황은 일상 세계의 정지 그 자체가 일상화된다는 극히 역설적인 것이었다. 《가디언》의 특집에 게재된 작품 중에는, 갈라 쇼핑 카트가 아무도 없는 곳에 방치되어 있는 사진도 있었는데, 이것은 정지된 일상을 구상적으로 포착한 작품이라고 할 수 있다. 이에 반해 카와우치의 작품은 정지된 일상이 더욱 진전될 수 있는 것이고, 게다가 이 진전은 코로나 바이러스 유행 이전에 유지하던 일상에서 성립하고 있던 인간 세계와는 전혀 다른 세계와 상통하고 있음을 상상하게 한다. 그렇다고는 해도 이것이 반드시 낙관적인 미래상으로 제시되고 있는 것도 아니다. 그것은 급진적인 절

6　川内倫子, 「いのちの行方と来し方を訪ねて: うたたねからHaloへと続く思惟」, 『IMA』, 2019년 29호, 53쪽.

단 이후에 올 수 있는 미래의 일로, 그렇기 때문에 우리가 별로 경험한 적이 없는 거대한 변화를 겪으면서 살게 될 미래의 일이다.

【일상 세계의 근저에 있는 정적 세계의 리얼리티】

카와우치는 다음과 같이 쓰고 있다.

> 코로나 바이러스의 위기에서 나는 9년 전의 후쿠시마(福島) 원전 사고를
> 떠 올렸다. 그 사건이 일어났을 때 나는 동경에 살고 있었는데, 밖에
> 나가지 못했다. 지금은 상황이 다르지만, 내가 살고 있는 세계가 크게
> 변해 버렸다는 느낌이다.[7]

후쿠시마 사고는 동일본대지진에 의해 일어난 것인데, 이것 또한 세계에 균열을 가져왔다. 단지 원자력발전소라는 물리적 실재가 파괴되었다는 것만도 아니고, 방사능이 유출되었다는 것만도 아니다. 그것은 인간적인 작위의 산물의 성립에 앞서, 세계 성립의 조건을 뒤흔들고 붕괴시키는 사건이었다.

지금까지 안 보고도 살 수 있었던 자연 세계의 존재를 느꼈고, 인간 세계와 자연 세계를 나누는 경계선의 취약함이 명백해졌다. 세계의 변화란 세계 그 자체의 변화라기보다는 인간 세계를 성립시키는 근본적인 설정 그 자체의 변화이자 붕괴이다. 게다가 그것은 인간의 작위의 의지를 넘어선 곳에서 저절로 일어났다. 무엇보다도 두려워할 만한 것, 인간으로서는 아무것도 할 수 없는 곳으로 세계를 생각하지 않을 수 없다. 인간이 사는 곳으로서의 세계가 인간

---

[7]   https://www.theguardian.com/artanddesign/2020/may/10/through-my-lockdown-lens-11-leading-photographers-capture-their-confinement

의 의지, 바람, 예견 같은 것으로부터 철저하게 이탈되어 버린다. 그래서 인간을 포함한 만물이 연약하고 덧없는 상태로 존재할 수밖에 없게 된다. 그런 곳으로서의 세계이다. 후쿠시마 사고는 세계 붕괴의 시작이고, 거기에서 진전된 것이 코로나 바이러스 상황이다.

2014년에 간행된 사진집 『빛과 그림자(光と影)』는 실로 동일본대지진 이후에 진행된 세계 붕괴의 징조를 포착한 작품이라고 할 수 있다. 이 작품집은 2014년 4월에 이시노마키(石巻), 오나가와(女川), 게센누마(気仙沼), 리쿠젠다카다(陸前高田)에서 촬영한 사진들로 구성되어 있다. 3월 11일의 지진과 쓰나미에 의해, 그때까지는 성립하고 있었던 인간 생활의 영역이 붕괴된 뒤에, 그래도 남아 있는 사물이 흩어져 있는 모습이 찍혀 있다. 사진에서는 지진의 비참함과 같은 과잉 의미는 희박하다. 붕괴된 사물이 흩어져 있는 가운데, 가벼움, 투명함, 청정한 공기, 조용함이 감돌고 있다. 어딘지 모르게 그때까지 성립하고 있었던 인간 세계의 족쇄로부터 해방된 듯한 자유로운 분위기조차 느껴진다.

작품집 후기에서 카와우치는 다음과 같이 말하고 있다.

소리가 없고, 단지 과거에 기능하고 있던 사람들의 활동의 조각이 지면에 쌓여 있고, 하늘이 매우 넓게 느껴졌습니다. 그 장소에서 잠시 서성거리고 있자, 자신이 바람에 날아가 버릴 정도로 작은 존재라고 생각되었지만, 확실히 육체를 지닌 채 지금 여기에 서 있다는 실감도 있었습니다. 단지 거기에 존재한다는 것을 실감하기에는 정적이 필요하다고 생각했습니다. 그리고 그것은 일종의 공포를 동반합니다.[8]

8   川内倫子, 『光と影』, スーパーラボ, 2014.

지진을 겪은 우리는 인간적인 사회 공간을 구성하는, 원활히 작동하는 기계장치나 구조물과 같은 견고한 사물이 붕괴되기 쉽다는 사실을 새삼 절감하고 있었을 것이다. 과거에 기능하고 있던 사물, 사람들의 활동으로 만들어진 생활의 장이 잔해가 된 후에 감도는, 평온하면서 고요한 분위기. 그저 투명하여 시원한 느낌까지 들 정도이다.

인위의 산물이 붕괴된 뒤에 감도는 것은 사람의 망상의 산물이 아니라 현실에서 사물로서 존재하고 있다. 인위적인 것이 붕괴되어도 여전히 자연 세계 그 자체는 신기하게 지속되고 있다. 인위의 세계가 붕괴된 뒤에도 존속되고 있는 것이 무엇인지를 의식화하고 잊지 않기 위해서는, 단지 없었던 일로 하지 않기 위해서는, 여기에 감도는 것에 형태를 부여하고 말을 부여하는 것이 요구된다. 현상이 회복되고 일상이 재개될 때, 사람은 재난에서 일어났던 일, 보았던 것을 잊을 것이다. 없었던 일로 여길 것이다. 잊지 않기 위해서는 작품으로 하든지, 말로 하든지 하는 식으로 남겨둘 수밖에 없다. 하지만 표현하고 말로 할 수 있기 위해서는, 재난에서 정말로 무엇이 일어났는지를 느끼고 사고하는 활동이 필수적이다.

붕괴 후에 감도는 투명한 공기는 사물 그 자체의 붕괴보다도 깊은 곳에서 일어나는 붕괴 때문에 생기고 있다. 그래서 일종의 공포를 동반한다. 왜 공포인가? 카와우치의 사진에 있는 투명감은 인간 세계를 성립시키고 있는 자연 세계와의 관계에 있어서, 사상적·감성적인 설정 그 자체가 붕괴되어 버렸기 때문에 생기는 것이 아닐까?

그래도 그 안에 몸을 담근 카와우치는 자신이 육체를 갖고 있고, 확실히 살아 있음을 느낄 수 있다. 공포, 즉 자신이 살고 있는 세계의 취약함을 알게 되었기 때문에 생긴 공포를 안고서, 그래도 살고 있다. 그리고 이 취약함은 지진 이후의 토호쿠(東北)라고 하는 로컬한 곳에 고유한 것이 아니다. 취약함은 지구 규모의 것, 행성적인 것이다.

72

【개방된 상호연관 영역의 불안정성과 가벼움】

카와우치는 2018년 인터뷰에서 다음과 같이 말하고 있다.

> 나는 많은 요소들이 이어져서 하나가 되고, 하나의 분위기를 만들어 내는 것을
> 소중히 생각하고 있습니다. 그것은 단지 초상화뿐만 아니라, 풍경이나 작은
> 세부, 나아가서 분위기, 하늘, 공기와 같은 것입니다. 그것은 신비의 창조와
> 관계되는데, 그것만이 아니라 시간이 지나는 것, 생명의 취약함과 같은 것에
> 대한 저의 기분을 표현하는 것과도 관계됩니다. 그것들은 은유적인 이미지로,
> 얼마나 우리의 세계가 취약한 지에 관한 것입니다.[9]

즉 사물이 확실하게 있다기보다는 오히려 덧없음 혹은 취약함과 함께 있다는
것, 그 신비로움, 기묘함에의 탐구가 그녀의 작품 실천의 기본에 있다. 그리고
이 덧없음 혹은 취약함의 감각은 우리가 살고 있는 세계 그 자체의 광대함, 우
리의 존재를 넘어선 곳에서 펼쳐지는 것에 대한 공포 같은 것과 연동되어 있
다. 그래서 우리는 우리 아닌 것과 만나고 연관되어 간다. 카와우치는 자신의
방법론에 대해 다음과 같이 말한다.

> 촬영하고 있을 때 나는 생각하지 않고 직관에 따릅니다. 너무 생각하면
> 지루해지기 때문에 별로 좋지 않습니다. 그것은 놀라움이 가져다주는 것을
> 저해합니다. 사진을 찍을 수 있을 때 나는 단지 "고마워"라고 말하고, 계속해
> 나갑니다. 나중에서야 편집하고 작품에 의미를 부여합니다.[10]

---

9 Sean O'Hagan, "Sympathy with small things: the luminous fragility of Rinko Kawauchi." *The Guardian*, October 26, 2018.

10 *Ibid.*.

카와우치가 말하는 것은 다양한 것이 발생하고 만나는 곳으로서의 장소이다. 그것은 개방된 상호연관의 장소이다. 그것도 너무 생각하면 파악할 수 없는 감각적 영역으로서의 장소다. 카와우치의 직관은 열린 상호연관적 영역이 인간의 사고를 넘어선 곳에 있음을 시사한다. 그래서 그것은 티모시 모튼(Timothy Morton)의 다음과 같은 말과 공명한다.

> 우리는 인간에 의해 만들어진 것보다 훨씬 더 큰 장소들 안에 있는 우리를 발견한다.[ii]

이 영역 속에 들어갈 때 우리는 세계 현실의 시간적 부정성(不定性=확정되지 않음)을 느낀다. 우리 자신의 부정성을 그 조건으로서의 세계의 부정성에서 느낀다.

중요한 것은 카와우치도 모튼도 세계의 붕괴를 세계의 취약함으로 파악하고, 그것과 접하면서 살고 있고 표현하고 있다는 것이다. "시간이 지나는 것에 대한 감각"을 언급할 때 카와우치가 상기시키는 것은 상호연관적인 영역의 덧없음이다. 모든 것은 끊임없이 변해가고 정지하는 것은 없다. 개방된 상호연관의 영역은 불안정하다.

마찬가지로 모튼도 사물이 상호연관 되어 가는 영역의 덧없음과 취약함을 언급하고 있다. 그는 "사물이 존재하기 위해서는 취약하지 않으면 안 된다"[ii]고 주장한다. 모튼에 의하면, 사물이 취약한 것은 그것들이 일어나는 영역 그 자체가 음침하고 신비적이기 때문이다. 그것을 그는 '미적 영역'이라고 부르고, "죽음이 일어나는 곳"이라고 표현한다.

[ii] One finds oneself on the insides of much bigger places than those constituted by humans. Timothy Morton, *Dark Ecology: For a Logic of Future Coexistence*, New York: Columbia University Press, 2016, p.11.

[ii] In order to exist, objects must be fragile. Timothy Morton, *Realist Magic: Objects, Ontology, Causality*, Ann Arbor: Open Humanities Press, 2013, p.188.

알고 보니 사물은 언제나 우리의 주변에서 죽어 있다. 설령 그것들이 다른
사물에게 생명을 준다고 해도 말이다.[13]

취약한 것은 생태적 장소 그 자체만이 아니다. 거기에서 발생하고 모여드는
다양한 요소도 취약하고 불완전하다. 이 장소에서는 많은 요소들이 단일한
전체로 통합되지 않고 공존해 있다. 그리고 카와우치의 현실 감각은 모튼이
말하는 '미적 차원'과 공명한다. 모튼의 생각으로는 그것은 공(空)이다. 공(空)
은 불교적 개념인데, 그는 불교적 사유에서 많은 시사를 얻어 자신의 철학을
전개하고 있다. 그의 이해로는 공(空)은 "사물의 개방성과 환상성(幻想性)의 경
쾌한 감각"을 의미한다.[14] 이것이 의미하는 바는 생태적 영역은 고정된 실체가
아니고, 개방성의 영역의 덧없음과 부정성(不定性)을 특질로 한다는 것이다.

　개념적인 파악을 넘어선 감각적인 영역이다. 부정성(不定性), 여기에서 우리
는 세계의 변화를 느낀다. 다만 그것은 기존의 세계가 뿔뿔이 조각난다는 의
미는 아니다. 기존의 세계에 대응한 세계상에 사로잡히는 한 느낄 수 없는 세
계의 리얼함이 느껴지게 된다는 것을 의미한다. 붕괴된 것은 원래로 돌아가지
않는다. 붕괴된 상태로 오작동하면서, 세계는 그래도 작동한다. 붕괴하고 오
작동하는 가운데 붕괴되기 이전에는 느끼지 못했던 세계에 관한 또 다른 리얼
함을 우리는 만나게 될 것이라고 모튼은 말한다.[15]

　생태적 자각 덕분에 당신은 당신의 세계를 오작동하고 붕괴된 것으로
경험한다. 하지만 그것은 우리가 우리의 세계라고 간주하는 규범화된
―종종 철저하게 인간중심주의적으로 조정되는―배경으로부터 모든 종류의

[13] It turns out that objects are dying around us all the time, even as they give birth to other objects. *Ibid.*, p.188.

[14] *Ibid.*, p.223.

[15] Timothy Morton, *Humankind*, Verso, 2017, pp. 92-93.

사물들이 삐져나오는 한에 있어서이다.[16]

녹고 있는 북극얼음으로부터 온갖 종류의 예기치 못한 사물이 모습을 드러내고
있다. 메탄가스, 냉전 시기 기지…. 깊은 곳에 묻혀 있던 사물들뿐만 아니라 우리
무의식의 깊은 곳에 묻혀 있던 사고와 가정(假定)도 드러나고 있다.[17]

하지만 이 오작동을 통해서 사람은 무언가 깊은 것을 알아차리고 있다. (원활
하고 완전한) 세계 그 자체라는 관념도 붕괴되었다. 그것을 원래대로 되돌릴 방
법은 없다. 왜냐하면 삐져나오는 것 없이 원활하게 작동하면서 단지 일어나고
있다는 개념 그 자체가 인간중심주의적으로 조정된 것이기 때문이다. 하지만
모든 세계는 그렇지 않다. 이것은 우리가 세계에 대한 관념을 바꾸었음을 의
미한다. 세계는 실로 이 너덜너덜하고 구멍투성이의 패치워크 퀼트로, 정해진
범위 안에서 시작하거나 끝나지 않는, 실은 구멍투성이이고 애매한, 공간적이
면서 시간적인 지평이다.[18]

~~~~~~

[16] Because of ecological awareness, you are experiencing your world as malfunctioning, as broken, precisely
insofar as all kinds of things are sticking out of the normalized background we take to be our world, which
most often is deeply anthropocentrically scaled.

[17] All kinds of unexpected things are emerging from melting Arctic ice: methane, Cold War bases … things
trapped deep, and thoughts and assumptions trapped deep in our unconscious minds, too.

[18] But through this malfunctioning one comes to realize something deep. The notion of (smooth, complete)
world as such is also broken. There is no way to put it back together, because the very concept of smooth
functioning, just happening without things sticking out, is anthropocentrically scaled. Worlds are not like
that. This means that we have transformed our idea of world. World precisely is this tattered, perforated
patchwork quilt that doesn't quite start and stop with a definite horizon—temporal as well as spatial
horizons are equally full of holes and blurry, by the way.

【구멍·사이·물질】

모튼은 생태적 자각으로부터 구멍투성이이고 애매한, 공간적이고 시간적인 지평이 발견된다고 한다. 이 지평은 일상 세계로 열린 균열에서 발견되게 될 것이다.

모튼은 「붓다 포비아(Buddha Phobia)」라는 글에서, "나의 세계에는 기묘한 구멍이 존재한다"고 말하고 있다. "어쩌면 단지 하나의 구멍이 뚫려 있다. 즉 주체와 주체 아닌 것 사이의 구멍이다."[19] 이것이 반드시 공기나 빛, 열의 순환이라는 현상 차원으로 경험되는 구멍을 의미하는 것은 아니다. 벽이나 천정으로 열린, 실체로서의 구멍을 의미하지 않는다. 구멍이 반드시 실제 사물로서, 즉 건물이나 제방에서 창문이나 균열과 같은 방식으로 존재하는 것은 아니다. 오히려 구멍은 세계 그 자체에서 인간 세계로 정해진 상태 그 자체에 생긴 균열을 말한다. 그것은 사물이 존재하기에 앞서 미적 영역에서 생긴다. 인간 세계에 생긴 균열은 그 깊이, 즉 인간 세계로부터 멀어져가는 세계, 행성적 세계의 리얼함을 드러낸다.

모튼이 말하는 '구멍'은 일상 세계의 논리와의 상관(相關)에서 닫히고, 그 우리(감옥)에 갇힌 인간의 사고와 감성을 벗어난 곳에서 존재하는 것이라 할 수 있다. 그래서 모튼이 그 존재를 시사하는 시공의 지평은, 일상 세계의 논리 붕괴를 자신의 심신에서도 경험할 수 있는 사람에게만 열린다고 해도 과언이 아니다.

건축가인 이소자키 아라타(磯崎新)도 일상 세계에서 열린 구멍의 존재에 민감하다. 실제로 이소자키는 그 기본 개념의 하나인 '사이(間)'에 대해서, 그것은 "산스크리트 경전에 있는 간극(gap), 즉 사물에 내재하는 근원적 차이가 아닐

---

[19] Timothy Morton, "Buddhaphobia: Nothingness and the Fear of Things," in Marcus Boon, Eric Cazdyn and Timothy Morton, *Nothing: Three Inquiries in Buddhism*, Chicago: University of Chicago Press, 2015, p.204.

까?"라고 묻는다.[20] 즉 '사이'란 무엇과 무엇의 '사이'에 있으면서, 그것들을 구분하면서 이어주는 매개적인 공적(共的) 공간과 같은 것을 의미하는 것이 아니다. 이소자키는 '사이'를, 사물이 인간 세계의 구성물로 구축되어 가는 것에 앞서서 존재하는, 일종의 원초적인 무(無)로 생각하고 있다. 그리고 이 원초적 무(無)는 폐허에서, 잔해(瓦礫)라는 물질에서 드러난다.

> 한편 잔해는 물질 그 자체, 건축물이나 도시적 구축물로서, 나아가서는 그
> 표상(表相)의 장식으로 의미부여된 존재 양식인데, 일거에 파산한다. 그리고
> 노출된 것이 내부에 감춰진 물질 그 자체였다. 폐기되기 직전의 최종 형태이다.
> 그 광경, "말라비틀어져" 있는 것이 아닌가? 잔해는 이렇게 해서 '사이'로
> 보내진다.[21]

에릭 카즈딘(Eric Cazdyn)은 이소자키가 말하는 미래의 폐허는 "우리의 현재의 모든 가능성을 넘어선 그 어떤 것으로 도래한다"고 말한다.[22] 이소자키의 생각으로는 폐허에는 무언가 미래적이고 비인간적인 것이 있다. 이것이 우리의 현재의 일상적인 도시 공간에 항상 달라붙는다. 현재의 도시 공간은 붕괴될 수 있는 곳으로서, 미래의 폐허로서 현존한다. 그곳은 잠재적으로는 "말라비틀어진" 풍경이다. 이소자키는 현실의 도시를 폐허와 중첩시키면서 느끼고 있다고 말할 수 있지 않을까? 이 감각은 전후(戰後)에 도시의 폐허화를 마치 없었던 것으로 생각할 뿐만 아니라, 두 번 다시 일어나지 않는 사태로 간주하고 발전해 온 것에 대한 무의식적인 위화감이라고도 할 수 있다. 일종의 트라우마일 것이다.

이 위화감을 철학적 사고의 근저에서 유지된 사상의 언설로 말할 수 있을

---

[20] 磯崎新, 『建築における日本的なもの』, 新潮社, 2003, 98쪽.

[21] 같은 책, 104쪽.

[22] Eric Cazdyn, "Enlightenment, Revolution, Cure," In Nothing: The Problem of Praxis and the Radical Nothingness of the Future, Chicago: The University of Chicago Press, 2015, p.168.

지 없을지가 지금도 물어질 것인데, 니시다 기타로(西田幾多郎)의 제자 니시타니 케이지(西谷啓治)는 그 선구자 중 한 사람이다. 1961년(태평양전쟁 종결 16년 뒤, 동경올림픽 3년 전)에 간행된 『종교란 무엇인가』에 수록된 논문 「종교에서의 인격성과 비인격성」에서 니시타니는 다음과 같이 말하고 있다.

> 원래 긴자(銀座) 거리도 언젠가는 참억새 들판으로 변할 때가 있을 것이다. "제자 중 한 명이 말한다: 스승이시여, 보십시오. 이 돌들, 이 건물들, 얼마나 성대합니까? 예수께서 말씀하셨다. 너희는 이 위대한 건물들을 보는가? 하나의 돌도 부서지지 않고서는 돌 위에 남지 않을 것이다."[23]

> 하지만 참억새 들판이 되지 않아도 좋다. 긴자는 현재의 아름다운 긴자 그대로 참억새 들판으로 볼 수 있다. 이른바 사진의 오버랩 같은 것으로 볼 수 있다. 실은 그런 오버랩이야말로 진실한 사진이다. 진실은 이중(二重)이다. 100년 지나면 오늘 걷고 있는 남녀노소는 한 사람도 살고 있지 않다. 그러나 일념만년(一念萬年), 만년일념(萬年一念)이라고 하듯이, 100년 후의 현재는 오늘 이미 현재이다. 그렇기 때문에 힘차게 걷고 있는 생자(生者) 그 자체를 사자(死者)와 오버랩해서 볼 수 있다. "번개와 같구나. 얼굴에도 억새가 자라는 것이"[24]라는 [마쓰오 바쇼의 하이쿠는] 긴자 거리의 어구이기도 하다.[25]

중요한 것은 생자(生者)의 공간을 사자(死者)의 공간과 오버랩시켜 보는 것이다.

---

[23] [역자주] 「마가복음」 13장 1-2절에 나오는 말이다. 참고로 국내의 한글 번역은 다음과 같다: "예수께서 성전에서 나가실 때에 제자 중 하나가 이르되 선생님이여 보소서 이 돌들이 어떠하며 이 건물들이 어떠하니이까. 예수께서 이르시되 네가 이 큰 건물들을 보느냐 돌 하나도 돌 위에 남지 않고 다 무너뜨려지리라 하시니라."

[24] [역자주] 원문은 "稲妻や顔のところが薄の穂"이다. 마츠오 바쇼(松尾芭蕉, 1644~1694)가 헤이안시대의 가인(歌人)으로 미모가 뛰어났던 오노노 코마치(小野小町)에 대해 읊은 시로, "살아 생전에는 소문난 미인도 번개처럼 짧은 인생을 마감하니, 땅에 묻혀서 얼굴 위에 억새 풀이 자란다"는 의미이다.

[25] 西谷啓治, 「宗教における人格性と非人格性」, 『宗教とは何か』, 創文社, 1961, 58-59쪽.

생과 사는 모순되면서도 같은 공간에 공존하고 있다. 어쩌다 생(生)은 그 이면에 항상 있는 사(死)를 일시적으로 덮고 있을 뿐. 그 균열에 과민한 것이 니시타니(西谷)이고 이소자키(磯崎)이다. 이소자키가 구축된 도시 형태의 모든 것의 기원에서 파편이라는 물질을 보고 있다면, 그는 도시의 폐허화를 미래적인 사태로 생각하고 있을 것이다. 미래 도시는 정해진 목표를 향해 진전하는 그 어떤 것으로 존재하는 것이 아니다. 그것은 오히려 현재의 구조의 일부로서 잠재해 있는 '미래의 폐허'로 존재한다.

그래서 자연의 위력 하에서 일어나는 인간 세계의 붕괴는 이미 있는 붕괴의 조짐의 현실화에 지나지 않는다. 그럼에도 불구하고 그것은 외부에서 온 것처럼 느껴진다. 이소자키에 의하면, 인간 세계를 넘어선 어떤 것과의 갑작스런 만남에서 분명해지는 것은 "물질 그 자체이다." 이소자키가 품고 있는 미래의 폐허의 감각은, 인간 세계가 그 일부로 일시적으로 구축되는 비인간적(非人間的) 현실이 단지 쓸쓸하게 붕괴되어, 어떻게 할 수 없게 된 사물의 "말라비틀어진" 상태에서의 집적(集積)에 지나지 않는다는 직관에 의해 뒷받침되고 있다.

그리고 우리는 붕괴의 순간에서 잔해와 만나는데, 그것은 표상(表相)의 장식으로 의미부여되어 있던 도시적 현실의 내부에 사고와 감각이 사로잡혀 있는 한 있을 수 없는 것으로 처리되고 만다. 즉 현재의 모든 가능성을 철저하게 넘어서 있는 것인데, 그런 한에 있어서 잔해적 물질은 절대적으로 다른 것으로 경험되게 될 것이다. 그리고 이 폐허의 타자성(他者性)은 인간 세계의 구축에 앞서 존재하는, 시공의 미분화 상태에 관계된다. 이소자키는 그것을 '사이'로 개념화한다. 타니자키 준이치로(谷崎潤一郞)의 『음영예찬(陰翳礼讃)』을 참고하면서 이소자키는 말한다.

여기에서는 일본 건축에 고유한 공간의 특질이 설득력 있게 그려지고 있다.
어둠에는 공간뿐만 아니라 당연히 시간도 포함되어 있다. 미분화 상태로
되돌려 보내진다. 그것이 전기적(電氣的) 정보가 조합하기 시작한 '보이지 않는'

그물코 모양의 공간과 어딘가에서 접속하고 있다는 예감이 있었다고 해도, "잘 모르는" 상태로였다. 이미 나는 우회를 시작하고 있었다. 『고사기(古事記)』의 서술이 '하늘'과 '땅'의 미분화 상태에서 시작되듯이, 시간과 공간의 미분화 상태로 되돌아가지 않으면 안 된다. 시간(時間)과 공간(空間)이라는 말이 만들어졌을 때, 뜻밖에도 양자에 사용되고 있던 〈사이(間)〉, 거기에서 실마리를 찾기로 했다.[26]

이소자키(磯崎)의 생각으로는 타니자키(谷崎)가 말하는 어둠(闇)은 우리가 미분화 상태의 물질성을 느낄 수 있는 영역이다. 미분화 상태는 인간 세계가 정한 시공의 격자에 따라 구축되는 것에 앞서 있는 것을 의미한다. 하지만 때때로 우리는, 매스컴의 공공영역에 사로잡힌 의식에는 나타나지 않는, 어둠이라고 밖에 말할 수 없는 것을 느끼고, 그것을 접한다. 어둠은 우리가 살고 있는 곳으로서의 세계의 존재론적 깊이와 관계된다. 그것은 시간과 공간이 미분화된 상태에 있는 영역으로, 인간의 생활 세계의 성립에 앞설 뿐만 아니라, 우리의 존재도 초월한, 다른 어떤 것으로서의 영역이다.

　　이소자키는 그것을 '사이'라고 부른다. 일본어에서는 사이(間)는 시간(時間)과 공간(空間)이라는 말에 포함된 '간(間)'에 대응되는 말인데, 때로는 '사이(あいだ)'로 해석된다. 와쓰지 데쓰로(和辻哲郎)의 『윤리학(倫理学)』이 유명한데, 이 경우에 '사이'는 다양한 사람이나 사물을 잇고 관계 맺는 하나의 공동체(共同体)로 통합되어 가는 원리로 생각된다. 이소자키는 이런 생각에 비판적인데, 그는 '사이'를 간극으로 이해하고, 사물에 내재하는 근원적 차이로 생각한다. 그것이 간극, 도랑, 균열인 한, '사이'는 사물을 잇지 않는다. 오히려 인간 세계에서 이미 성립된 조화적 질서 그 자체의 붕괴하기 쉬움과 덧없음을 폭로한다. 인간 세계는 영원히 정해져 있고 안정적인 상황으로 존재하는 것이 아니라, 모

---

[26]　磯崎新, 『建築における日本的なもの』, 94쪽

든 것이 시공의 미분화 상태로 되돌려지게 되는 곳으로서의 미래의 폐허와의 관계 속에서 존재한다.

이것이 우리를 둘러싼 자연 세계의 현실이다. 자연은 두려워할 만한 것, 인간이 단지 압도될 수밖에 없는 것이다. 양자 사이에 커뮤니케이션은 성립하지 않는다. 거기에는 단지 직감적인 감응밖에 없다. 이소자키도 서술하고 있듯이, 근대에 자연은 작위의 대상으로 생각되고, 새로운 기술로 그 위력을 극복하고, 인간 세계의 일부로 편입되어야 하는 대상으로 간주되어 왔다. 하지만 오늘날 우리는 세계의 변화 속에서 자연 그 자체가 다시 두려워할 만한 것, 타자적인 것으로 드러나려는 상황에 당면해 있다. 이소자키가 제시한, 하마구치 류이치(浜口隆一)가 추출한 대비,[27] 즉 서구 건축에 특유한 '물질적·구조적'인 것과 일본 건축에 특유한 '공간적·행위적'인 것의 의미를, 여기에서 다시 한 번 생각하는 것이 중요할 것이다.

자연을 극복하려는 능동성의 한계, 다시 말하면 구축적 자세의 한계에 우리는 봉착해 있다. 그리고 이 한계에서 두려워할 만한 자연과 만나고 있다.

【두려워할 만한 자연과 완전히 새로운 세계】

두려워할 만한 자연. 그것은 공포이지만, 삶의 조건과 지탱이 될 수 있는 공포이다. 즉 인간 세계의 굴레에서 벗어나서, 혼자가 되어서, 아무것도 없는 완전히 새로운 곳에 자신을 던져보는 데에서 비로소 느껴지고 발견되는, 세계의 공무(空無)를 의미한다. 그것은 카와우치의 최초의 작품집인 『선잠』에서부터 일관된 테마라고 생각한다. 가령 죽 같은 흰 알로 가득 찬 스푼의 저편이나, 입으로 비눗방울을 부는 여자아이의 저편에 펼쳐지는 옥상 등에서 느껴지는 불명

---

[27] 같은 책, 52쪽.

료한 공간을 채우는 애매한 공간성이 그것이다. 거기에 있는 공포는 정해진 안녕 상태에 몸을 두는 것으로는 접할 수 없는, 세계의 수수께끼와 통하는 것이다. 실제로 『선잠』에서 2020년의 『As it is』에 이르기까지 일관된 것은 두려워할 만한 자연의 공간성으로, 거기에서 일어나는 다양한 사건의 세세함 그 자체보다도, 그것들을 통합하지 않고 조각조각 낸 채 표류하게 하고 만나게 하는 형태의 작품화 과정으로, 그것 자체가 카와우치의 사진 실천의 공간성·행위성에서 전개되어 간다.

그런데 카와우치의 『선잠』은 2001년 작품이다. 그로부터 20여 년이 지나서 『as it is』에 이르렀다. 그 일련의 사진 실천은 1990년 중엽부터 시작되는 세계의 잔해화 과정에서의 사건이었다고 생각할 수도 있을 것이다. 인간 세계의 잔해화는 우리에게 인위의 한계에 대한 자각을 요구함과 동시에, 자연 세계와의 접점에서 사는 것, 두려워할 만한 영역의 작은 일부로 인간 세계가 성립한다는 사실에 대한 자각을 요구한다. 이 또한 브뤼노 라투르가 말하는 '지구의 회귀'[28]를 받아들이는 시간을 요하는 경험으로, 이 20년을 어떻게 되돌아보고 생각할 것인가가, 앞으로의 20년을 상상하는 데 있어 필수적인 작업이 되지 않을까 생각한다.

베네치아 비엔날레 국제 건축전에서 「균열」이 열린 것은 1996년이었는데, 그 후는 확실히 잔해화의 또 다른 진전이었다고 생각한다. 하지만 우리는 이 잔해화 그 자체를 뭔지 모르게 주어진 것으로 받아들이고, 그런 상태에서 잔해화 다음에 있을 수 있는 것을 생각하면서 이 20년을 살았을 것이다. 2020년의 카와우치의 사진에서 우리가 느낀 미래, 그것을 나는 잔해화 이후의 세계의 조짐을 파악한 것으로 받아들이고 싶다. 거기에서 열린 '완전히 새로운 세계'가 새로움의 조건이 될 수 있다고 믿고 싶다.

28 Latour, Bruno, *Down to Earth: Politics in the New Climate Regime*, Medford, MA, Polity Press, 2018, p.17.
[한국어 번역은 브뤼노 라투르 지음, 박범순 옮김, 『지구와 충돌하지 않고 착륙하는 방법: 신기후체제의 정치』, 이음, 2021.]

RE: DIALOGUE

『소설 동학』 저자
김동련

김동련

질문 및 정리 노은정

최근 전3부-6권에 걸친 '대하소설'을 출간한 김동련 작가를 서면 질의-응답으로 인터뷰하였습니다. 소설은 동학 창도주인 수운 최제우의 어린 시절부터 성장과 구도 그리고 득도와 포덕, 순도에 이르는 일생을 다루는 1부 '나라는 것은 무엇인가(1, 2)', 해월 최시형의 동학 입도와 동학 수련, 도통 승계와 고비원주하는 간난신고의 30여 년 역사를 다루며 교조신원운동으로 다시 역사의 전면에 나서는 2부 '세계라는 것은 무엇인가(3, 4), 그리고 교조신원운동 이후 동학혁명이 전개되는 3부 '어떻게 살아야 사람답게 사는 것인가(5, 6)'으로 구성됩니다. 이 소설은 "역사적 흐름에 충실하면서도, 그 이면을 들여다보는 소설적 상상력의 힘으로 살아 있는 동학, 지지 않는 동학, 더불어 역사를 만들어가는 동학 민중 형상을 흥미진진하게 그려내"고 있습니다.

『소설 동학』을 어떻게 해서 집필하게 되셨나요?

저는 강원도 묵호에서 중학을 졸업한 후 고등학교에 진학하지 못하고 17살 먹던 해 봄부터 방파제 축조회사인 흥아공작소에 급사로 일했습니다. 30톤 기중기선 화장인 또래의 친구가 태극출판사에서 나온 『위대한 한국인』 전집을 구했으나, 자기는 도저히 읽어내지 못하겠다고 해 제가 넘겨받았습니다.

그 전집 두 번째 책이 해월 최시형이었습니다. 그 전집에는 이승만이나 김옥균 등 여러 사람이 포함되어 있 있었으나 그런 사람들에게서는 별다른 느낌을 받지 못했습니다. 그러나 해월 선생님의 글을 읽으며 저는 큰 충격에 빠졌습니다.

스승 최제우가 순도한 후 30년 동안 포졸들에게 쫓기는 절박한 상황 가운데서 홀로 전국을 돌며 동학 조직을 재건해 나가는 모습을 보며 신념을 가진 한 사람의 옳고 강한 의지가 불의로 점철된 잘못된 세상을 바꿀 수 있다는 강한 확신이 들면서 몸에 전율을 느꼈습니다. 해월 선생님의 행적에 비하면 기독교에서 전하는 바울의 전도 여행 같은 것은 어린아이 장난 같아 감히 비교할 수도 없었습니다.

이때부터 저는 해월 선생님에 대한 소설을 써 보겠다는 꿈을 꾸기 시작했습니다. 해월 선생님의 이야기를 쓰려면 해월 선생님께 그러한 동력을 제공한 수운 선생님의 이야기를 하지 않을 수 없습니다. 그리고 수운과 해월 두 분의 이야기가 마무리되려면 두 분의 뜻을 행동으로 옮긴 전봉준 장군의 이야기를 하지 않을 수 없습니다.

험난한 세월이 오래 이어졌으나 저는 이 꿈을 버리지 못했습니다. 결국 그 꿈은 그로부터 50년이 지난 지금 여섯 권의 대하소설로 세상에 나왔습니다.

6권으로 구성된 만만찮은 분량의 이 소설의 출간이, 2022년이라는 현재 시점에서 갖는 의미는 무엇이겠는지요?

작가는 항상 무엇을 왜 써야 하는가를 고민합니다. 세상에 촉수를 내어 끊임없이 돌아가는 상황을 점검합니다. 그것이 좁고 어두운 방 속에 앉아 홀로 자판을 두드리면서도 창문을 계속 열어 두어야 하는 이유입니다.

역사는 이긴 자의 기록이고 권력자의 변명이기 쉽습니다. 우리는 항상 역사를 우리가 사는 시대의 현실에 맞추어 우리의 깨어난 의식으로 재해석해야 합니다. 그러한 작업이야말로 우주에서 가장 아름답고 소중하고 신비한 존재인 나의 올곧고 자유로운 삶을 보장해 줍니다.

그렇지 않으면 이긴 자와 권력자들이 만들어 내는 저들의 사욕을 지키는 왜곡된 담론에서 벗어날 수가 없습니다. 세상이 진실로 무엇이고 내가 진실로 무엇인지도 모르는 채 대낮에 나온 올빼미처럼 개신거리며 살다가 평생을 낭비하고 말 것입니다. 저는 확신합니다. 사람 사는 세상에서 서로 더불어 사랑하며 사는 삶보다 더한 가치는 없다고.

역사를 통틀어 왕조 시대 백성의 삶은 대개 모두 그저 그렇게 고달팠지만, 특히 18세기 말 조선 백성의 삶은 말로 다하기 어려운 비참의 극치였습니다. 백성의 삶을 편안하게 가꾸어야 할 책임이 있는 왕은 소수의 벼슬아치를 데리고 백성을 노예로 삼아 그들의 살과 뼈를 갈아 먹으며 서세동점의 위급한 상황 속에서도 태평성대를 누렸습니다.

사람이라면 누구나 가정을 이루고 자식을 키우며 작으나마 미래의 소박한 희망을 소망하며 살기를 원합니다. 그리고 서로 존중하고 서로 존중받으며 살기를 원합니다. 동학이 창도되고 또 민중 속으로 퍼져가던 당시를 살던 백성들에게는 이러한 사람이라면 마땅히 가져야 할 가장 기본이 되는 꿈이 용납되지 못했습니다. 이런 불의의 사태는 조선이라는 틀이 유지되는 한 바뀔 수가 없었습니다. 백성들은 육체와 정신의 고통에 더해 한 존재로서 존중받지 못하는 철학적 고통에 시달렸습니다. 육체와 정신의 고통보다 철학적 고통이 더 괴롭습니다.

이러한 백성들의 고통을 구제하기 위해 백성 속에서 나온 것이 동학입니다. '나라는 것이 무엇인'지, '세상이라는 것이 무엇인'지, 어떻게 살아야 사람답게 사는 것인지를 동학의 가르침을 통해 자각한 푸른 눈을 뜬 백성들이 잘못된 세상을 고치는 마중물이 되기 위해 서슴없이 자신의 소중한 목숨을 바쳤습니다.

그리고 160년이 넘는 세월이 흘러갔습니다. 세상은 많이 변했습니다. 그러나 지금 여기에서 우리 민족이 당면한 상황은 결코 녹록지 않습니다. 어쩌면 우리는 160년 전 동학도인들이 맞이했던 상황을 다시 맞이하고 있다는 생각에 두렵습니다. 바로 옆에서 중국이 일어나면서 미국과 갈등하는 국면에 우리는 자유롭지 못합니다. 반거충이가 된 일본은 아직도 퍼석한 손톱을 세우고 우리를 후비려 옆에서 어정거립니다. 빈부격차는 위험할 정도로 커지고 환경은 무지막지하게 파괴되고 있습니다.

제가 볼 때 지금 우리나라 정치인들의 수준으로는 급격하게 변화하는 세상에 발 빠르고 현명하게 대처해 나가기가 어렵습니다. 입으로는 그럴듯하게 때 묻은 왕사발을 부시겠다고 천안 삼거리처럼 시끄러우나 진정으로 백성을 위하는 자세보다는 자신의 사사로운 이익에 눈이 먼 자들이 넘쳐나기 때문입니다.

정치인뿐만 아닙니다. 언론도 고위 관료도 사법부도 성직자도 재벌도 하다못해 대학교수 중에도 큰 틀을 보지 못하고 이기적인 탐욕으로 생각의 목이 굳은 자들이 매우 흔합니다. 외세에 빌붙고 권력을 탐하며 백성들을 담보로 삼아 제 이득만 챙기는 비열한 자들이 그때도 그랬고 지금 세상에도 수두룩합니다.

저는 이전 동학도인들이 들었던 햇불이 광화문의 밤을 밝혔던 촛불로 이어졌다고 생각합니다.

이제 다시 푸른 눈을 뜬 백성들이 자신이 진정 어떤 존재인지 세상이 진정 어떤 사태인지 그리고 어떻게 살아야 진정 사람답게 사는 것인지에 대해 다시 진지하게 고민해야 할 때가 되었습니다. 저는 그런 시대적 과제에 대해 고민하는 사람들이 동학을 다시 꺼내어 우리 민족의 빛나는 자산인 동학의 정신을 다시 반추하여 현실의 사태를 밝게 인식했으면 합니다.

그리하여 동학이 진정 추구하는 더불어 사는 삶의 지혜를 얻어 당면한 시대의 난제를 슬기롭게 풀어 자신의 올곧고 자유로운 삶을 풍족하게 누리기를 희망하며 이 책을 썼습니다.

1부(1, 2권) '나라는 것은 무엇인가'는 주로 수운 시대 이야기를 풀어내고 있습니다. 작가님이 생각하는 수운 최제우는 어떤 인물입니까?

하나의 종교를 이루어 낸 사람은 세월이 지나면서 그 종교의 교리가 체계가 잡히고 조직이 커지면 신격화되기 일쑤입니다. 저는 그러한 현상을 바람직하게 보지 않습니다. 그것이 후대의 성직자나 권력자에 이용되어 올곧고 자유로워야 할 사람들의 삶을 방해했기 때문입니다.

저는 변화한 세상을 살아가는 실존적인 한 인간으로서의 수운을 살펴보려 노력했습니다. 신분으로 유지되는 사회에서 양반 신분이지만 경제적으로 몰락한 유생의 재가녀 자식은 사실상 제도권으로의 진입이 막혀 있었습니다. 어려서부터 부친으로부터 유학을 배우고 스스로 무예를 익혀 영민한 그로서는 매우 불만스러운 상황이었음이 틀림없습니다.

제 소설에서는 수운이 일부 김항의 지도를 받는 것으로 서술되어 있으나 사실상 당시 연담 이운규 선생 문하에 주역을 다시 풀이한 정역을 하는 일부 김항과 실천 불교 운동인 남학을 하는 김광화 그리고 유불선을 엮어 동학을 창시한 수운 최제우가 드러나게 뛰어난 제자였습니다. 그러므로 수운은 연담의 가르침과 영향을 받은 듯합니다.

그는 그를 둘러싼 불만스러운 상황에 절망하지 않고 왕조 말기의 부패로 무너져 가는 조선을 대체할 새로운 틀에 대해 젊은 시절부터 이성적으로 접근 했습니다. 한 사람의 인생을 건 피나는 노력이 시공에 무겁게 쌓여야 비로소 세상은 속살을 조금 열어주는 법입니다. 수운은 자신이 옳다고 여기는 삶을 목숨을 걸고 실천한 대장부였습니다.

『소설 동학』은 동학 창도기 수운의 고뇌, 그리고 수운이 깨달은(혹은 창도한) 동학의 철학적, 사상적, 종교적(영성적) 깊이에 도달하는 경로를 열어 보여준 것에 큰 성과가 있다고 봅니다. 이 부분에서 특히 염두에 두신 점이 있다면 어떤 것인지요?

저는 하나의 거대한 담론은 결코 독자적으로 갑자기 나타나지는 않는다는 것을 압니다. 개개의 담론은 모두가 서로 의지하며 오랜 세월을 통해 축적된 인류의 지혜에서 나옵니다. 중국의 유불도도 그렇습니다. 세 담론은 서로 부딪치며 회통하며 시대가 당면한 문제를 해결하려 몸부림쳤습니다.

동학은 수운이 유불선의 가치를 모아 창도했다고 말했습니다. 그렇다면 유불선 속에 담긴 더불어 사는 지혜를 가려내는 치열한 작업이 수운에게 있었을 것입니다. 이 작업을 수운은 20살에서 30살 사이에 치러냈습니다. 이때 수운의 직업은 장시를 도는 행상이었습니다.

현재 남아 있는 천도교 문헌에서는 이때 당시의 수운에 관한 기록이 거의 없습니다. 그리고 동학을 연구하는 학자들도 이 부분에 대한 의논이 매우 다르고 그다지 활발하지도 않습니다. 그 이유는 동학의 배경이 된 유불선이라는 거대 담론에 대한 깊은 천착이 쉽지 않기 때문입니다.

저는 동양철학 박사과정을 이수하면서 다행히 엄한 스승을 만나 이 부분에 대해 다소간의 연구가 있었습니다. 책을 읽어보신 분은 아시겠지만 저는 이 책에서 일반인이 상식의 수준에서 알고 있던 유불선에 대한 이해를 확 바꾸는 노력을 했습니다.

유학은 제 박사논문 서론에 언급했듯이 동아시아 유학 사상사를 완전히 다시 쓰는 수준의 이야기를 실었습니다. 불교도 싯다르타가 창시한 것이 아니라 인더스 문명에서 나온 강가의 지혜를 싯다르타가 시대에 맞게 재해석한 것이라 했으니 일반 불교 신자들은 아마 깜짝 놀랐을 것입니다. 그러나 사실이 그렇습니다. 제 독단이 아니라 동서양의 여러 학자가 이미 논문이나 책으로 언급한 내용들입니다. 선교는 고대 홍산문명에서 나온 우리 민족의 위대한 자산이었습니다. 선교에 대한 연구는 이미 국내외 여러 학자에 의해 커다란 진척이 이루어졌습니다. 제가 도가를 배운 김경수 선생님도 이미 고대 선가에 대한 깊은 연구를 진행하고 계셨습니다.

이러한 유불선의 담론을 지배자가 아닌 철저한 백성의 시각에서 재해석해 수운에게 담았습니다. 수운은 재해석된 유불선을 고대 선가의 천부경을 관통하는 삼일태극으로 종합합니다.

이러한 내용을 어떻게든 쉽고 재미있게 표현하려 애를 썼으나 조금 어렵게 서술되었다는 것을 인정합니다. 그러나 대학원 석박사 과정 때 제 지도교수였던 오이환 선생님은 아주 대단한 작업을 했다고 칭찬해 주셨습니다. 이 부분은 독자들의 요청이 있으면 북토크 행사를 통해 같이 자세하게 천착해 보기를 희망합니다.

사실상 중국의 유가와 도가가 고조선의 고대 선가의 풍요로운 사유를 한자락씩 잡아 일어난 담론이라는 것은 이미 청화나 북경 대학 교수들도 인정하는 바입니다. 고조선이 멸망하고 다시 일어선 삼국시대에 왕들의 필요로 중국의 유가와 불교가 들어오면서 고대 선가는 백성들 속으로 은둔했습니다. 그후 고려 시대에 묘청에 의해 다시 일어났으나 유학자인 김부식에게 다시 밀립니다. 그러나 선가는 사라지지 않고 백성 사이에서 면면하게 맥을 잇다가 조선 말 백성들의 삶을 무너뜨리는 총체적인 위기 상황에서 수운에 의해 다시 표면에 드러나게 됩니다. 여기에 대해서도 최근에 나오는 박사논문들이 있습니다.

수운이 구도하는 세세한 과정은 제가 오랫동안 나름대로 호흡과 명상을 통해 수련했던 경험을 담았습니다. 이 내용은 수련하는 사람들이 공통으로 경험하는 것들이어서 독자들이 한 번 의미를 두고 읽어보셔도 좋다고 봅니다.

2부(3, 4권) '세계라는 것은 무엇인가'에는 동학혁명 발발 전까지의 파란만장한 동학의 역사 속에서 다양한 인물들이 등장합니다. (독자들을 위해) 이 시기, 여러 등장인물의 관점과 삶의 방식을 요약해서 설명해 주시지요.

사람들은 살아가면서 세 가지 고통을 경험합니다. 육체적인 고통, 정신적인 고통, 철학적인 고통이 그것입니다. 육체적인 고통은 쉬거나 약을 먹으면 해결됩니다. 정신적인 고통은 역시 쉬거나 굿을 하거나 의사의 치료를 받으면 가라앉습니다. 문제는 철학적인 고통입니다.

철학적 고통은 한 존재로서 존중받아 자유로운 삶을 살아야 할 사람이 무지막한 권력이나 잘못된 제도의 억압으로 동물과 같은 천대를 받는 상황에서 생깁니다. 이 고통은 존재의 자각으로 오는 새로운 세계관으로 해결해야 합니다. 수운 선생이 동학을 창시한 이후 신분에 얽매어 고통 받던 백성들이 동학에 접하면서 새롭게 자기 존재에 대한 자각을 일으킵니다. 그들이 그러한 자각을 바탕으로 새로운 삶을 살아가려는 열망이 이 책에 가득 실려 있습니다. 이러한 자각은 오늘날에도 절대로 필요합니다.

우리는 자본주의라는 거대한 담론이 강요하는 기업이 생산한 상품만 소비하는 나약한 배때 벗은 존재가 아닙니다. 관료제라는 거대한 틀에 얽매여 하염없이 돌아가는 작은 톱니바퀴가 아닙니다. 각 개인은 자신이 이 우주에서 가장 소중하고 아름답고 신비한 존재라는 사실을 잊어서는 안 됩니다.

간결하고 청신하고, 품격이 넘치면서도 강건한 문체는 독자들을 시종일관 동학의 역사 한가운데에서 그 호흡을 함께하게 합니다. 한마디로 내공이 만만치 않다고 생각되는데요. 더욱이 장편소설을 쓴다는 건 마음만 먹는다고 되는 일이 아니라고 생각합니다. 이 작품이 작가님의 첫 장편소설로 알고 있는데, 이러한 문체는 어떤 과정을 거쳐 체득하신 것인지요?

제 첫 장편소설은 자전적 소설인 『우리가 사랑할 때』입니다. 도서출판 밥북에서 나왔습니다. 두 번째 책은 인문서적으로 『천자문으로 세상보기』인데 인간사랑에서 출판했습니다. 이 책은 일본의 시라카와 시즈카의 『한자의 세계』와 우메하라 다케시의 『주술의 세계』를 참고해 제가 한자의 어원을 새롭게 해석한 글입니다. 이제까지 한자는 중국 후한 시대의 허신이 지은 『설문해자』에 의존해 어원을 이해했습니다. 저는 설문해자의 잘못된 해석을 바로잡고 상나라의 갑골문과 주술에 의한 새로운 해석을 내놓았습니다. 그것이 『천자문으로 세상보기』입니다. 이 책은 가치를 인정받아 여러 대학에서 교재로 사용하고 특히 초등 방과 후 수업 한문 선생님들이 교재로 사용하고 있습니다.

이번 책은 제 세 번째 글입니다. 앞서 출간한 두 권의 책에서 사실은 문장 연습을 알차게 한 셈입니다. 문체라는 것은 글쓰기에서 매우 중요한 요소입니다. 문장에 형용사가 들어가면 일단 전달하려는 정보의 힘이 약화됩니다. 주장에 자신이 부족할 때 저도 모르게 형용사를 쓰게 됩니다. 또는 중의적으로 표현해야 할 때에도 형용사를 잘 이용합니다.

저는 50년 세월 동안 동학이라는 주제를 삭히고 20년 동안 열심히 공부해 단 2년 동안에 소설로 풀어냈습니다. 그만큼 전달하려는 정보에 대한 자신이 있었다고 할까요. 그래서 문장이 짧아졌을 겁니다. 또는 당시를 살았던 백성들의 실상을 전달하는 데 형용사가 들어간 미사여구가 옳지 않다는 생각도 문장을 짧게 했습니다.

백성들의 삶을 서술하는 대목은 대개 짧은 문장과 우리 풍토에 맞는 표현을 담았습니다. 그러나 왕이나 벼슬아치들의 대화에는 의도적으로 한자 투로 길게 늘여 지루하고 답답한 느낌을 유도했습니다. 때로는 대화 속에서 그들의 무식을 보이려 일부러 사실이 아닌 것을 사실처럼 말하게 하는 문장도 넣었습니다.

『소설 동학』은 '6권이나' 되는 대하소설임에도, 독자들로 하여금 동학 속으로, 역사 속으로, 또 그 역사를 만들어가는 인물들의 이야기 속으로 계속해서 파고들기를 요청하고 유인합니다. 그렇게 의도하신 이유가 있으셨는지요?

제 스승인 오이환 선생님께서 평소에 강조하시는 "자료로써 대신 말하게 하라"라는 가르침에 충실하려 노력했습니다. 이 글은 소설의 형식을 빌리지만 일반적인 소설의 형식을 조금 무시한 것은 틀림없습니다. 그래서 살아 있는 자료가 많이 들어갔습니다.

우리가 사는 현실은 무엇이 진실이고 무엇이 거짓인지 판단하기 어렵습니다. 학자들이 말하는 집단이성이라는 것이 실제 있는지도 잘 모르겠습니다. 백성들의 공론의 장이 되고 객관적인 정보를 전달해야 하는 언론도 제 이득에 맞추어 거짓 정보를 남발하고 있습니다. 한 분야만 조금 깊게 공부해 박사가 되고 교수가 된 사람들도 마치 자신이 모든 분야를 다 잘 아는 것처럼 처신합니다. 기업은 과장광고를 남발해 어쨌든 물건만 팔면 게임에 이겼다고 자부합니다.

사태의 진실에 접근하기 위해서는 우선 자료에 의존해야 합니다. 그리고 자료를 객관적이면서도 자주적으로 해석해 낼 수 있어야 합니다. 저는 이 책을 쓰면서 『조선왕조실록』이나 『승정원일기』 또는 『비변사등록』 또는 『일본외무성자료』를 직접 다시 번역했습니다. 자료의 내용은 모두 왕이나 관료의 시각에서 쓴 것들이어서 사태에 대한 진실이 부족했습니다. 그래서 제가 백성의 시각으로 다시 해석해서 그중 일부를 소설에 녹여냈습니다.

이러한 작업이 아마 독자들에게 동학과 역사에 대한 새로운 진실을 찾고 싶다는 마음을 일으켰을 수도 있습니다.

이 소설의 가장 강력한 무기는 '동학적 상상력'을 극한도로 발휘하고 있다는 점입니다. 가장 대표적인 것이 수운의 동학 창도 과정에서의 천사문답과 같은 '종교적 신비체험'입니다. 신비성과 합리성 사이의 균형을 잃지 않고 '역사소설'적 감각 속에서 이를 그려 보일 수 있었던 비결은 무엇이었나요?

우리가 사는 세상은 보이는 세상과 보이지 않는 세상이 공존합니다. 그리고 보이지 않는 세상이 더 근원적입니다.

제 경험을 짧게 해보겠습니다. 저는 우리나라에서 가장 가난한 노동자 중의 한 사람의 장남으로 강원도 묵호에서 태어났습니다. 아버지는 함흥에서 건재상을 하다 전쟁으로 잠시 남쪽으로 피신했다가 삼팔선이 막히면서 묵호에 정착해 항에서 리어카를 끄는 노동으로 생계를 이어갔습니다. 장사를 하던 분에게 노동은 너무도 힘이 겨웠던 듯합니다. 아버지는 삶에 좌절해 하루에 소주를 한 되씩 드셨습니다. 술에 취해 길가에 쓰러지면 아들들이 같이 나가 집으로 업어오곤 했습니다.

결국 아버지는 간암으로 돌아가시고 저는 중학을 가까스로 졸업한 소년 가장이 되었습니다. 그 후의 거친 삶은 떠올리기가 괴롭습니다. 저는 삶에 고난이 다가올 때마다 속으로 아버지를 원망했습니다. 그러나 신기하게도 손에서 책을 놓지 않고 살아냈습니다. 어쨌든 세월은 잘 흘러갔습니다. 오랜 시간 저는 아버지의 사랑을 받지 못한 아들이라 생각했습니다.

저는 결혼해 아들을 얻고 작가가 되려는 꿈을 안고 늦게 공부를 시작해 육십을 바라보는 나이에 철학박사 과정을 마쳤습니다. 그리고 글을 쓰기 시작했습니다. 첫 장편소설 『우리가 사랑할 때』를 쓰던 어느 겨울 늦은 밤이었습니다. 갑자기 어릴 적 아버지에 대한 기억의 편린이 떠올랐습니다.

추운 겨울날 만취한 아버지가 늦은 밤에 집에 오셨습니다. 장갑도 끼지 않아 얼어 부르튼 손에 '전과(참고서)' 한 권을 들고 계셨습니다. 그것을 저에게 말없이 건네주고 아버지는 윗방으로 가 주무셨습니다. 전과가 귀하던 시절이었습니다. 초등 6학년 전과였습니다. 그것도 오래되어 앞장과 뒷장은 떨어지고 가장자리가 너덜너덜한 책이었습니다. 당시 저는 초등 3학년이었습니다.

그 전과를 등잔불 밑에서 일주일 만에 다 읽었던 기억이 났습니다. 그때 저는 깨달았습니다. 제가 결코 아버지의 사랑을 받지 못한 아들이 아니라는 것을요. 추운 겨울 만취한 아버지의 눈에 길가에 누가 버린 전과가 들어왔을 것입니다. 가난해서 책을 좋아하는 아들에게 책 한 권 사주지 못하는 안타까움에 그 전과를 손에 들었을 것입니다. 취해서 비틀거리는 발걸음으로 겨울 찬바람을 맞으면서도 전과를 쥔 손에 힘을 빼지 않았을 것입니다. 그리고 집으로 돌아와 제게 전과를 건네고 주무셨을 것입니다. 아버지는 그날 밤 저에게 낡은 전과 한 권으로 마법을 걸었습니다. 그 마법 속에서 저는 지금까지고 손에서 책을 놓지 못하고 삽니다.

그렇습니다. 우리는 보이는 세상과 보이지 않는 세상을 동시에 살고 있습니다. 그리고 세상은 그 깊은 속살을 잘 보여주지 않습니다. 열심히 희구하고 추구하고 파고드는 사람에게 한 부분을 슬며시 보여주곤 합니다. 세상은 신비에 가득 차 있습니다. 나라는 존재 역시 신비에 가득차 있습니다. 차가운 현실을 살아가면서도 우리는 그것을 항상 생각해야 합니다.

소설은 열린 결말로 끝을 내고 있다고 봅니다. 하지만 어설픈 허구적 낙관이나 드러난 역사에 매몰된 허섭한 비관 어느 쪽에도 가담하지 않으면서 역사의 지평 너머를 바라보고 있습니다. 그 지평 너머를 살아가는 우리가 이 소설을 통해 느끼는 카타르시스는 어떤 것일지요?

세상을 일구어 가는 주체는 소수의 권력자나 전문가가 아닙니다. 세상을 일구는 거대한 지혜와 힘은 오직 백성들에게서 나옵니다.

역사는 자주 악마의 편에 서곤 합니다. 그렇다고 우리가 절망할 필요는 없습니다. 우리가 아는 역사는 바다에 비유하면 표면의 파도에 불과합니다.

파도는 바람을 맞고 일었다 바람이 자면 잦습니다. 깊은 바다 속을 도도하게 흐르는 거대한 해류는 드러나 보이지 않습니다. 그러나 그 거대한 해류야말로 바다의 원류라 할 수 있겠지요.

우리 주변에 흔한 갑남을녀야말로 깊은 바다를 흐르는 해류와 같은 존재입니다. 이 갑남을녀의 성실한 하루의 삶이 역사를 일구는 힘입니다. 이들의 성실한 삶이 이어지는 한 인간의 역사는 희망이 있습니다.

[후일담]

작가는 이 소설을 펴내는 데 만족하지 않고, 소설 속에 녹아들어간 여러 가지 이야기 요소들을 가운데 두고, 독자들과 만나고 싶다고 말한다. 그 말에서, 『소설 동학』은 소설이면서 우리 시대의 '화두'가 아닐까 하는 생각이 들었다. 화두란 본래 "무(無)!" "뜰 앞의 잣나무"처럼 그 자체로 사회적 의미가 있거나 논리적 해답이 있는 질문이 아니다. 화두가 고질(痼疾)같은 고질(固質), 즉 의심 덩어리가 되고 천길만길의 무쇠절벽이 되어 수행자의 앞길을 가로막는, 우회할 수도 (깨달음을 포기하고 시시껄렁하게 살아가기로 하지 않은 이상) 되돌아갈 수도 없는 일이다. 오직 그것을 한 방에 돌파(突破), 각파(覺破), 월파(越破)하는 길 아니면 죽음이 있을 뿐인 것이 바로 화두다. '동학'은 이 시대의 화두일 터이다. 지구온난화로 인한 생물대멸종, 전 지구 상위 1%의 부자가 전 세계 모든 부의 절반 이상을 보유하는 양극화, 일극화의 극단, 북극 동토층의 해동과 메탄가스 분출 등의 인류세적 종말의 분위기가 턱밑까지 차오른 상황이다. 이미 발끝은 바닥을 떠났다. 이제, 버틸 때까지 버티다, 인류는, 전 지구 생명체는 서서히 멸종의 늪으로 가라앉을 일만 남았다는 이야기도 들려온다. 동학의 다시 개벽은 이러한 전 지구적, 전 우주적 대전환을 예감한 인류 영성이 쏘아 올린 한 줄기 빛 같은 것은 아닐까? 『소설 동학』의 '형용사를 절제한, 자료가 말하게 하는' 문체로 써 내려간 동학의 스승들과 민중들의 이야기는, 영파(靈波)의 입자화의 산물이 아닐까? 『소설 동학』을 읽어 볼 일이다. 읽어 볼 뿐 아니라, 서로 만나 이야기할 일이다.

다시 읽다

RE: READ

장바닥에 비단이 깔릴 때
김지하의 개벽사상과 모성성의 모색

임
동
확

말 그대로 '개벽(開闢)'은 천지가 처음으로 생기거나 열리는 상태를 말한다. 동시에 천지가 어지럽게 뒤집혀지는 사태를 가리킨다. 질서에 대한 깊은 갈망과 더불어 그만큼의 혼란을 동시에 품고 있는 게 모든 개벽의 피할 수 없는 운명이다. 따라서 그 어떤 형태의 개벽이든 개벽은 질서정연하고 안정적인 어떤 사태를 나타내지 않는다. '새로운 열림'을 뜻하는 개벽기엔 질서와 무질서, 열림과 닫힘, 신생과 소멸, 포용과 배척 등과 같은 비동시적 것들이 동시적으로 일어난다. 어떤 새로운 질서가 태어나기 이전의 무질서와 그로 인한 불안정성과 깊게 관련되어 있는 개벽이다.

수운·해월·증산으로 이어지는 동학의 시천주(侍天主) 사상에 그 뿌리를 두고 있는 김지하의 '개벽' 내지 '생명사상'이 바로 그렇다. 대설 『남』(1985)의 간행을 계기로 본격화된 그의 생명 사상은, 가혹한 자본주의적 약육강식과 경쟁, 온갖 형태의 자기 분열과 자기 소외 등으로 얼룩진 당대의 생명 경시와 생명 파괴에 대한 진단에서 출발하고 있다. 뿐만 아니라 무분별한 개발주의와 성장주의에 따른 생태계의 파괴와 온갖 유해물질의 오염에 대한 고발과 경고가 담겨 있다. 그 결과를 예측할 수 없는 당대의 혼돈과 무질서가 김지하 개벽사상의 필요충분조건이다.

김지하가 말하는 개벽의 순간 역시 그렇다. 일종의 유토피아로서 '여름엔

시원하고 겨울엔 따뜻한 유리세계'는 그저 오지 않는다. 지구 에너지의 수렴 축인 "지리극(Geogra pole, 地理極)과 지구와 우주 사이의 에너지 확산축인 자기 극(magnetic pole, 磁氣極) 사이의 상호이탈과 동시에 관계 재편성"으로 인한 지진과 해일, 대빙산의 해빙과 북극 온난화, 메탄층 폭발, 남반부 해류의 복잡화 등 극심한 지구환경과 기후적 변화를 동반한다. 요즘 전 세계인들이 동시에 겪고 있는 '코로나 19' 같은 신종 플루와 구제역 등 '대병겁(大病劫)'의 시대와 함께 한다. 유례없는 폭염과 폭풍, 화재와 가뭄 등 기상이변과 전면적인 생태계 파괴, 그리고 진단과 치료가 거의 불가능한 바이러스의 출현과 무서운 전염병 등이 우리가 그토록 염원하는 개벽의 징후로 작용하고 있다.[i]

그런 만큼 개벽은 모든 갈등이나 고통이 해소되거나 무화된 상태를 가리키지 않는다. 특히 유한하고 부조리하며 차별화된 시간과 시대와 전혀 다른 태평성대 또는 천년지복의 세계를 가리키지 않는다. 오히려 그것은 수운이 동학을 창도할 때처럼 국운이 위태롭고, 학정(虐政)이 민중을 억압하고 착취하는 사태 속에서 일어난다. 끔찍한 "중범죄"와 "대량약탈", "강간"과 "살인"과 같은 생명윤리적 전락과 "졸라 빨라!"와 같은 쌍욕이나 "쭈삼"과 같은 언어적 파괴 등 극도의 혼란과 무질서가 "발생"한다. 역설적으로 "한 달"에 "대학생들"이 "삼십 명씩 자살"(「못난 시 404」)하는 비극적 현실과 "미친 쇠고기에 이어 미친 과자"(「못난 시 1001」), 그리고 "기생충 김치"와 "말라케이트 장어" 수입 등 생명 경시 내지 위협이 공공연히 자행되는 시기가 개벽의 "때"(「못난 시 1001」)다.

하지만 그 미증유의 혼돈 속에서도 문득 기존의 "문명이/싹/바뀌는"(「못난 시 120」) 변화가 일어난다. "고양이"가 "임신"을 "못하도록" 중성화 수술을 하

---

i   김시하는 자신의 개벽관 내지 생명사상을 전개하는 데 있어 자주 지구환경의 급격한 변화나 기상이변, 생태계 파괴나 전염병 들을 그 예로 들고 있다. 하지만 이는 단지 자신의 논리를 뒷받침하거나 정당화하기 위함이 아니다. 이른바 합리적이고 과학적인 접근만으로 이해할 수 없는, 우연의 일치라고 부르는 현상 속에 인과적 규칙성과는 다른 우주적 현상을 설명하기 위함이다. 때로 우리들 이해 지평을 벗어나는 매우 놀랍고 신비한 사건들 속에서 이른바 내적인 심리적 사건과 외부의 물리적 사건 사이의 '의미 있는 일치'를 뜻하는 비인과적인 공시성 현상(Synchronicity Phenomena)을 그 배경으로 하고 있다. 이부영 지음, 『분석심리학』, 일조각, 2009, 316쪽 참조.

는 등 "생체"를 "파괴"하거나 "온갖 항생제" 덩어리인 "먹을거리"를 제공하는 "우울"의 시대 속에서 "시커먼/어둠"을 "안고 뒹구는/춤과 노래/우스갯소리"가 뒤섞여 있는 "흰 그늘"의 "모심"(「못난 시 47」)이 이루어진다. "가장 높"고도 "깊"으며 또 "가장/어두운" "감옥 중에서도 독방"과 같은 악마적인 속에서 한 줄기 생명의 "촛불"(「못난 시-번호 없음」)처럼 피어나는 게 개벽이다.

이처럼 개인과 집단 내부에 일촉즉발의 에네르기가 과잉 축적되어 있는 개벽의 시기엔 긍정과 부정의 현상이 뒤섞여 나타난다. 동시에 그 방향과 지향점을 모르는 욕망과 분노, 희망과 절망이 용암처럼 들끓거나 터져 나온다. 하지만 동시에 개벽은 그러한 전대미문의 위기와 환란 속에서도 개벽기엔 분명 우주 그 어딘가에 숨어 있는 근본 동력인 생명의 힘이 돌출한다. 그동안 인류와 역사가 보여준 온갖 마업(魔業)으로부터 선근(善根)이 솟아오르자 천하에 떠도는 한 기이한 기운과 어떤 새롭고 근본적인 창조적인 지향이 불쑥 고개를 내민다. 특히 엄연한 우주적인 생명 현상이자 '숨겨진 근원적 조건의 솟아남'으로서' 복승(複勝)'2이 문득 일어난다.

하지만 이중적인 것들이 동시에 올라오는 '복승'의 사태는 단지 급격한 지형 변화나 이상 기후 형태만 나타나지 않는다. 이전과 다른 식생활과 환경 변화와 함께 우리들 온몸에 돋아나는 알 수 없는 '살도드락' 또는 '옴'과 같은 것으로도 나타난다. 특히 여성들 몸속의 월경(月經)의 변동이나 신체 안 '경락(經絡)'의 새로운 움직임을 동반한다. 그리고 아이들과 여성들, 그리고 수많은 못난이들이 저지르는 이른바 비상적인 생각이나 행동들은 다분히 그들 내부에서 불규칙적으로 움직이는 '천응혈'과 '아시혈'이라고 부르는, 이른바 '회음

---

2   원래 동양의 '경락학(經絡學)' 용어인 '복승(複勝)'은 30여 년 전에 북한에서 숙청되었다는 경락학자 김봉한의 전문용어로 흔히 음양(陰陽)으로 구분되는 표층경락(表層經絡)이 무력해질 때 그 표층 밑에 숨겨진 심층경락(深層經絡)의 솟아오름을 가리키는 용어다. '복승' 곧 기혈(氣穴)로부터 문득 예기치 않은 불가사의한 치유력이 솟아나는 것을 의미한다. 김지하, 『산알 모란꽃』, 시학, 2010, 35면 참조.

뇌(會陰腦)’라는 ‘13식’의 산알 또는 사리의 결과이다.[3] 비록 지난한 과제지만, 이러한 복잡 미묘한 복승의 사태 속에서 그것을 참된 생명의 창조 방향으로 돌파해가는 것이 진정한 의미의 개벽이다.[4]

비록 지난한 과제지만, 그렇다면 이러한 개벽을 수행해 갈 주체는 과연 누구인가? 김지하에게 단연 여성이다. 기회 있을 때마다 “개벽(開闢) 지지자”를 자처하는 그는 “나는 분명/앞으로 오는” 개벽의 “시대가 여성의/모성의 주도에 의해서만/열”린다고 강조해 왔다. 특히 그는 “여성의 살림과/창의력과 자애로움 그리고/비상한 회음뇌(會陰腦)의 돌파력 없이” “지구 대혼돈과/ 문명 위기”의 극복은 “어림없다”고 단정해 왔다. “앞으로 와야 할 새 시대”는 단연 “여성 주도의 평화와 생명 세상”으로서 “여성 혈통 중심성”과 “모권” 주도의 “세상”의 “길밖에는/인류 미래 없다”(「우체국 근처에서」)는 게 김지하의 움직일 수 없는 주장이다.

일단 개인과 집단 간의 갈등과 대립에 주목하기보다는, 자기 내면의 좀 더 깊은 성찰과 자기실현의 욕구에 바탕한 내향적이고 영성적인 삶의 양식과 그에 부합하는 세계관 창출과 맞물려 있는 ‘애린’적 세계가 그 출발점이다. 그는 남성적인 교조주의나 가부장적인 폭력의 세계에서 벗어나고자 하면서 여성성 또는 모성성 추구의 대상으로서 ‘애린’을 탄생시킨다. 집단 속의 개인 또는 외부환경에 종속된 집단적 내면성에서 점차 벗어나 한 개인의 독립성이나 고유성, 개인적 정체성이나 자의식을 중시하는 과정에서 ‘애린’적 시세계와

---

[3] 북한의 경락학자 김봉한에 의하면, 우리들 인체 내에 365종류의 표층 경락이 있다. 하지만 그 표층경락에 어떤 이유로 근본 치유력을 상실할 때 360종류의 심층경락이 복승하며, 그 복승의 실체를 ‘산알’이라고 부른다. 그리고 이러한 ‘산알’은 고승의 다비식에서 흔히 확인되는 ‘사리(舍利)’와 같은 ‘핵심미립자’ 형태로 나타난다. 참고로 불교의 『화엄경』은 이러한 ‘산알’을 ‘생명의 씨와 생명의 지혜’란 의미의 ‘수생장(受生藏)’ 혹은 ‘수생자재등(受生自在燈)’이라고 부른다. 또 『천부경』에서는 ‘아낙과 아기의 생명 및 생활 중심 가치’를 뜻하는 ‘묘연(妙衍)’이라 칭하며, 무엇보다도 동학에서는 ‘혼돈한 근원의 한 기운(混元之一氣)’인 ‘지기(至氣)’가 여기에 해당한다고 할 수 있다. 『산알 모란꽃』, 34~35면. 김지하, 『우주생명학』, 작가, 2018, 145면 참조.

[4] 『우주생명학』, 132~133면 참조.

105

만난다.[5]

　김지하의 '마고신화'에 대한 관심은 그 연장선상에 있다. 그에게 선천을 남자로, 후천을 여자로 해 배우자 없이 '궁희'와 '소희'를 낳은 '마고'는 잃어버린 옛 영토에 대한 수복 의지나 향수를 자극하는 신화 속의 인물이 아니다. 청동기 이전의 우주와 자연의 법칙에 관한 상징체계를 구현하는 신격의 하나다. 특히 '마고'는 원초적인 신격(神格)으로서 세계 창조와 자연 질서를 체화하고 있는 여신을 대표하면서 "여성혈통 중심"의 원시공동체를 상징한다. 단지 민족적인 차원이 아닌 인류 전체가 공유해야 할 역동적이면서 안정적인 어떤 독특한 생명의 질서 내지 보편적인 인간성의 조건을 구유하고 있는 인물이 '마고'다.

> 여성 혈통 중심의/새로운 남녀 평화 같은//그래 1만 4천 년 전의/마고 궁희
> 소희의 신시(神市) 같은,/팔려사율(八呂四律)의 혼돈 질서 같은/이리가라이나/
> 원불교 2대 정산(鼎山) 종사 같은/그런 자애로운 엄마중심의/새 여성개벽/(중략)/
> 섹스에서의 식스 나인은 본디/여성 상위의/우로보로스//불교/원시불교의/
> 용화회상(龍化會上)의 이미지//모권제(母權制)의 근원인/여신지배(女神支配)의/
> 이리가라이 정산(鼎山) 사상이다 (「우체국 근처에서」)

다시 말하지만, 고대신화 속인 여성 신격인 '마고'는 단지 여성성의 원리만을 구현하는 존재가 아니다. 남성성의 원리를 함께 구현하는 존재이다. 인류 역사상 "모권제의 근원"이자 "여신 지배"를 상징하는 인물로서 '남신(男神) 숭배'로 시작된 가부장제적 사회 권력의 출현 이전의 평화로운 공존과 상생을 대표하는 여신이다. 이른바 '위대한 어머니 여신'의 하나인 '마고'는, 특히 순환하는 자연 속에서 모든 것을 생성시키는 근원이자 우주의 가시적 질서에서 변화

5　자세한 것은 임동확, 「생성의 사유와 '무'의 시학—김지하 詩세계 연구」, 서강대 국문학과 박사논문, 2004, 33~6쪽 참조
　바람.

지 않는 영원한 생명의 원리를 나타낸다. 무엇보다도 신성성을 포함한 우리들 마음속의 원형을 나타낸다.

그런 만큼 '마고신화'에 대한 그의 주목은, 결코 "남녀"간의 갈등이나 대립을 조장하기 위한 것이 아니다. 그동안 극단적이고 불균형한 대립과 갈등을 빚어온 잘못된 남녀관계에서 남녀양성의 "새로운" "평화"와 공존의 지혜를 찾고자 함이다. 여성학자 루이 "이리가라이"나 "원불교 2대" 종정 "정산"에 대한 호의적인 관심 역시 그렇다. 그는 이 두 인물을 통해 이기적이고 탐욕적인 여성성이 아닌 헌신적이고 "자애로운 엄마 중심"의 "여성개벽"에 대한 지향과 관심을 드러낸다.

여성성의 음악인 '팔려(八呂)'와 남성성의 음악인 '사율(四律)이 조화를 이룬 "팔려사율(八呂四律)의 혼돈 질서"를 바탕으로 하는 여신 지배 사회에 대한 김지하의 새로운 문제제기 또한 여기에 해당한다. 그는 여성 우위의 '기우뚱한 균형 원리'를 나타내는 '팔려사율'을 통해 오랫동안 헤게모니를 행사해 온 남성 중심의 가부장제에 대한 비판과 더불어 마고로 대표되는 여성 통치 또는 모권제에 대한 지대한 관심을 보여준 바 있다.

다시 강조하자면, 양성구유(兩性具有)의 단일화된 원초적인 부모상을 상징하는 "우로보로스(Uroboros)"나 "원시불교"의 "용화회상"에 대한 그의 주목과 관심은 단지 정치적이고 경제적인 여성의 자유만을 위함이 아니다. 특히 남성 주도의 사회에서 빼앗긴 여성의 권리나 자유를 되찾거나 회복하는 것과 더불어 여성적인 관용과 보살핌으로 바탕으로 하는 성숙한 사회와 대안적 문명을 모색하는 것이 연결되어 있다. 여성의 원초적인 신성성 회복을 통한 새로운 차원 변화의 세계상을 모색하는 데 그 초점이 맞추어져 있는 것이다. 무엇보다도 바로 그 속에 인간과 인간, 인간과 우주 사이의 새로운 관계 정립을 위한 남성적 자기희생과 여성적인 총괄축적의 원형이 담겨 있다는 굳건한 믿음이 전제되어 있다.

할머니가/통치해야 한다//그렇다//이 세상은 이제 반드시/할머니가 통치해야

한다/(중략)/내가/바로/ 이 말 했을 때//우리 참 선비 이문구 왈//'맘대로?'/

그래/맘대로!//그 뒤에/그는 그대로/나는 나대로//제 길 난 대로 갔으니/길은/

하나가 아니었다//지금도 나는 믿는다//할머니 옆엔/반드시/말없는 할아버지

꼭 서 계시는 세상//그 세상을/할머니가 통치해야 한다고 (「못난 시 999」)

일종의 모권론자인 "나"는 원만하고 지혜로운 여성의 대표격인 "할머니"가 "반드시" "통치해야 한다"고 강조한다. 다름 아닌 "나"는 모권제 신화의 신성 성과 절대화를 통한 여성 통치의 필연성을 굳게 확신하고 있는 까닭이다. 하 지만 유교적 교양의 "참 선비"를 표상하는"이문구"는 '나'의 그런 구상과 확 신에 "맘대로" 되지는 않을 거라는 반응을 보인다. 비록 "할머니"의 "통치"가 일정하게 한 가정이나 사회의 평화를 가져올지는 모르지만, 그러한 가정 자체 가 근본적으로 남녀 간의 대립이나 갈등이 전제된 것이어서 일시적이고 불안 전한 것으로 보고 있다.

그래서 둘 사이는 한동안 이견을 좁히지 못한 채 "그는 그대로" 또한 "나 는 나대로" 저마다의 "길"을 간다. 하지만 결코 양립할 수 없을 것 같은 두 사 람의 "길"은 "할머니"가 통치의 주체로 서되 그 옆에 "말없는 할아버지"가 "서 있는 세상"의 구상에서 그 접점을 발견한다. 어느 날 문득 여성적인 감성과 예 감 능력이 중심이 되되, 그걸 지켜내기 위해서라도 이성(logos)과 지혜를 가진 남성적인 것의 조력과 협조가 필수적이라는 공통된 자각에서 그 합의점을 찾 는다. 여성성이 중심을 이루되 남성성이 배합되는 이른바 '팔려사율(八呂四律)' 을 통해, 여성성에 의한 치유와 변혁 또는 새로운 미래의 문화 혁명의 가능성 을 타진한다.

하지만 김지하는 '마고'나 '이시스' 등 위대한 어머니 원형의 긍정적인 측면 에만 주목하지 않는다. 제 자식을 잡아먹은 고르곤 신화 등 원형적 여성성의 부정적인 양상으로서 소름끼치는 '공포의 어머니(Terrible Mother)'에도 동시에

주목한다. 이른바 '선한 어머니'뿐만 아니라 이탈리아 르네상스에 나타났던 '파스꾸치' 같은 한국의 강남아줌마들을 통해 모성의 어두운 측면을 가감 없이 폭로한다. 자신의 아이들을 입시경쟁과 출세지상주의로 내몰고 있는, 무섭고 이기적인 어머니와 컴컴한 혼돈 일변도의 여성성 역시 가차 없이 고발하고 있다.[6]

어디 그뿐인가. 그는 마치 "낄낄대는 웃음소리가/똑/천년 묵은 마귀 새끼들" 같은 "열다섯 열여섯"의 "여학생들"(『바람 풍(風)17』)을 통해서도 죽음과 파괴, 위험과 고통, 굶주림과 빈곤의 '어두운 공포의 어머니상(Dark and Terrible Mother)'을 본다. 심지어 그는 그 자신을 가리키는 "외아들까지도 돈을 받고" "팔아" "죽음"으로 "내몰"았던 "생모"(『내가 검은 그이에게』)에서 섬뜩하고 어두운 여성상을 발견한다. 그러면서 그는 여성들이 위대한 살림과 모심의 모성을 포기할 때, 아이들과 손을 잡은 남성들이 예전처럼 가부장적 지배와 폭력을 다시 한 번 반복할 수도 있다는 것을 경고한다.

하지만 그럼에도 불구하고 "심지어/제 아들 외아들까지도 돈을 받고/또 혁명의 허영심으로 팔아/죽음으로 내몰았"던 "생모"에 대한 원망이나 고발은, 단지 부정적이고 악마적인 양상의 여성상을 드러내기 위함이 아니다. 거기엔 모성적이고 여성적인 무의식에서 들어 있는 "검은 악마의 힘"(『내가 검은 그이에게』)조차 무작정 통제하거나 억제, 또는 승화하는 것만이 능사가 아니라 오히려 그것들을 보살피거나 살려감으로서 더욱 밝고 긍정적인 것으로 전환할 수 있다는 확신이 배어 있다.

---

[6] 김지하가 말하는 '파스꾸치(pascucci)'는 이른바 유한층의 부르조아 여성들을 뜻하는 것으로 오늘날 펀드장사나 주식투자, 부동산 투기나 이자놀이, 희귀상품 매입 등으로 큰 이득을 취하는데 여념 없는 이른바 '강남 아줌마'들을 가리킨다. 특히 이러한 의미의 '파스꾸치'들은 '모심'의 반대편에 서 있는 부정적 모성을 대표하며, 국제적으로 '미시즈 버블(Mrs. Bubble)'들로서 시끄러운 예수 숭배그룹이자, 자본주의 시장경제의 도박성이나 비인간성을 생활화하고 타락한 문화와 유행을 파급시키는 첨병으로 나타난다. 김지하는 그의 시를 통해 〈남이야 살건 말건/나 홀로 살아 묵고 묵고 또 묵고./두 놈 세 놈 함께 붙어/씹씹씹씹/쌩쌩 팔팔 대박이얏~!〉(『바람 풍(風) 25』『시 삼백 二』,242) 〈파스꾸치는 지 새끼는 물론이고/지 에미 애비를 죽여서/회쳐 먹는 짐승 이름/낮에는 주식하고/밤에는/여성 상위고 오중 스와프〉(『바람 풍(風) 26』, 『시 삼백 二』, 자음과 모음, 2020, 246면)하는 한국형 '파스꾸치'에 대해 매우 강한 어조로 비판하고 있다.

일 년 동안 없던 꿈이 보이고/꿈에 시커먼 내 엄마가/내 손을 붙들고/끝내
늘어진다/(…중략…)/그래/이제 끝났구나/내 엄마의 검은 억압이/꿈으로까지
떴으니/끝났으나//새로운 억압의 가능성이/또 시작하는구나//오로지//
알았다 오로지 오로지/내 안에 꽃 한 송이/나 자신의/엄마를/키워라//그때/
그 작은 한 송이 내 안에/피어날 때//아내 역시/새하얀 이씨스 여신이 되리라
(「무엇이 나를 묶는가」)

여기서 "일 년 동안" 나타나지 않던 것이 "꿈"에 "보"인 엄마는 단지 '나'의 생
모를 의미하지 않는다. "그동안 나"의 의식에서 배제되고 억압된 그 어떤 것들
이 의식의 표면에 나타난 것을 의미한다. 달리 말해, "시커먼 내 엄마가/내 손
을 붙들고/끝내 늘어"지는 꿈은 실제 현실을 반영한 꿈이 아니다. 그것은 "나"
의 무의식 속에 감춰진 것들을 의식화하는 과정에서 나타난 이미지다. 그리고
"시커먼 내 엄마"는 무의식의 열등한 인격인 그림자를 가리킨다. 특히 꿈속에
서 생모와 만남은 지금껏 자기를 괴롭혀온 "내 엄마의 검은 억압"이 일단 "끝
났'다는 것을 의미한다.

이른바 '위대한 어머니'이면서 '선한 어머니'를 대표하는 "새하얀 이씨스"
는 이와 깊게 관련되어 있다. 비록 "내 엄마의 검은 억압"에서 해방이 바로
"새로운 억압"을 부르는 '에난티오드로미(Enantiodromie)'[7]의 "시작"이 될 수 있
음을 경계하면서도, '나'는 자신의 무의식 속에 존재하는 근원적인 가능성으
로서 모성성을 상징하는 "내 안에 꽃 한 송이" 또는 "나/자신의/엄마"를 모색
한다. 본능적이고 성적인 수준의 생물학적이고 혈연적인 아니마의 단계에서
벗어나 자신의 "아내"마저 '이씨스'로 승화시키며 점차 가장 높은 단계인 지

---

[7] '에난티오드로미(Enantiodromie)'는 의식의 경화된 일방성이 극에 달할 때, 그 반대의 극으로 달리게 되어, 급기야 의식의
태도와는 전혀 다른 무의식의 극단적인 경향이 의식을 지배하는 경우를 말한다. 예컨대 반기독교론을 고집하던 사도
바울이 보여주듯이. 또한 '에난티오드로미'는 자아의식이 무의식의 요구를 마냥 외면하거나 억압할 때 더욱 강력한 힘으로
역전되는 현상을 가리킨다. 이부영, 『분석심리학』, 일조각, 2009, 109면 참조.

혜로운 여성성의 추구로 이어지고 있다. 삶의 기초적인 국면부터 영적 변환의 국면에 이르기까지 전체적인 삶을 알기를 원하고 욕망하는 과정에서 드디어 만난 전체성의 여신이 '새하얀 이시스'이자 자신의 "아내"인 셈이다.

김지하의 "온 천지가 외쳐 부르는 꿈속의 우주엄마"(「언제 어디서」) 찾기는 그 연장선상에 놓여 있다. 그는 '우주엄마'를 통해 자신의 자아를 초월하는 강력한 누미노제[8](Numinose, 신성한 힘)이자 아니마의 원형으로서 자아의식과 자기(Selbst)를 연결하는 '영혼의 인도자(Psychopompos)'를 만나고자 한다. 특히 '우주엄마'는 밝으면서 동시에 어둡기도 한 양면성을 가진 모든 원형을 나타내며, 또한 대극합일의 상징으로서 자기(Selbst)를 찾고자 한다. 모든 원형 가운데 가장 핵심적이며 모든 심적 요소를 결정짓는 자기원형의 리듬을 찾아가는 것이 "그저" "뵙고 싶"지만 "아무리 애써 봐도" 다가가지 "못"하는 '위대한 어머니'이자 그가 그토록 애타게 찾고자 하는 우주"엄마"(「엄마 보옵소서」)다.

하지만 그렇다면 궁극적으로 여성 상위의 남녀평등을 전제로 하는 그런 여성 주체의 '음개벽'이 실현되는 곳은 과연 어디인가? 김지하는 옛 어른들이 '기쁨과 슬픔이 넘나드는 한울타리'라는 의미의 '희비리(喜悲離)'라고 부른 "오일장(五日場)"에 주목한다. 그러니까 김지하에게 비록 "귀먹은 할머니 할아범에/낯선 시골 양반들 히히거리며 헤헤거리며/산나물이며/약초며/더덕 파는" 것으로 전락한 '오일장'은 더 이상 자본주의적 상품경제 체제 속에서 경쟁력을 잃은 채 몰락해 가는 시장 중의 하나가 아니다. 오히려 '오일장'은 "손해"나 "이익"에 상관없는 "탈상품화를 통해/기운찬 재상품화"와 "획기적 재분배"가 이뤄지는 "신령한 새 시장"을 의미한다. 특히 '옛 아시아의 산 위의 물가에서 열렸다는 이상적인 시장'으로서 "신시(神市)의 기억"(「오일장(五日場)」)이 살아 있는 신성한 인간적 교류와 만남의 장이다.

---

[8] '누미노제numinose'는 독일의 신학자 루돌프 오토(Rudolf Otto)가 그의 저서 『Das Heilige』(聖스러운 것)에서 새로이 만들어낸 신학용어로, 초월적이고 압도적인 절대 타자에 대한 경외의 감정과 종교적 매혹을 설명하기 위한 용어 중의 하나다. 루돌프 오토/길희성역, 『성스러운 것: Das Heilige』, 분도출판사, 1991, 41면 참조.

달리 말해, 김지하는 옛날의 '오일장'의 또 다른 이름인 "희비리장"을 통해 후천개벽의 징조를 본다. 장사꾼과 손님, 가난하고 부자인 형편에 따라 그때마다 다양하게 가격이 정해지는 '오일장'의 풍경들을 회고하거나 지켜보면서, 작금의 자본주의 시장을 대신하는 "새로운 "세계 경제"의 "유일한 대안"으로 떠오른 "호혜시장"의 가능성을 찾는다. 또한 그는 거기서 세계적인 차원의 호혜적인 "획기적 재분배"가 이뤄지는, 이른바 '따뜻한 자본주의 시장'의 가능성을 본다. 특히 그는 거기서 오늘날의 경제 체제를 창조적 방향으로 이끄는 데 중요한 역할을 하는 여성들의 소비 판단력과 섬세한 미학적 취향에 주목한다. 그러면서 거기서 평등과 균등, 대동과 호혜적 교환과 모심의 이른바 '비단 깔린 장바닥'의 가능성을 타진한다.

그런 김지하는 지난 2002년 월드컵 응원 문화와 그 이후 축제화 된 촛불시위 등을 지켜보면서 축제와 정치가 결합한 숭고한 새 '문화혁명'과 새로운 정치적 상상력이 바탕이 된 직접민주주의를 예감한 바 있다. 동시에 그는 동서양을 막론하고 이전까지의 인류사에 등장한 적이 없는 애들이나 젊은 주부들, 비정규직들 등 쓸쓸한 대중을 인류사와 자연사, 생명사의 대전환을 이룰 주체를 내세운 바 있다. 그러면서 그는 그동안 이른바 "꽁무니가 도리어 머리가 되는" 이른바 '기위친정'의 후천"개벽"(「못난 시 20」)의 기운이 다방면으로 무르익어 가고 있음을 설파한 적이 있다.

하지만 김지하는 "말년"에 이르러 자신이 그토록 꿈꾸었던 선한 모성 중심의 문명 개벽 혹은 한국적 네오 르네쌍스에 대한 일단의 회의를 슬쩍 내보인다. 온몸이 망가져 입원을 앞둔 시점에서 그는 "여자정치"를 "들어 올리려고/광화문 데모"에 "반대행동"한 것을 후회하며 스스로에 대해 "허허허 버엉신"(「병신」)이라고 칭하며 자조하기도 한다. 또 미처 "최순실"과 "최태민"을 모른 채 성급하게 여성 대통령 "박근혜"(「바보 1」)를 지지한 것에 대해 반성의 태도를 내보인다. 그러면서 이제 "일절 말없이" "방안에서 공부나 하고 책이나" 쓰면서 "새 세상을 기다리겠다"(「유리」)고 다짐한 바 있다.

하지만 정말 그럴까? 그가 꿈꾸었던 여성 중심의 후천개벽은 한낱 한 시인의 헛된 꿈이나 몽상이었을까? 단적으로 이대남, 이대녀의 대립으로 얼룩진 오늘의 한국 현실에서 얼마 전에 자신의 고향이 아닌 '원만의 땅' 원주의 토지문화관 옆 송림 속에 묻혀 있는 김지하는 더 이상 말이 없다. 하지만 그가 어디선가 규정한 대로 '시인이 다름 아닌 씨 뿌리는 사람'이라면, 근본적으로 여성을 중심으로 한 그가 선구적으로 선후천 대융합의 개벽의 씨앗을 여기저기 뿌린 것만으로 제 몫을 다했던 것은 아닐 것인가. 아니, 어쩌면 그의 회한과 아쉬움에 상관없이 그의 죽음을 계기로 이제 다시 후천개벽이 시작되거나 이미 그가 뿌린 개벽의 싹이 어딘가에서 무성한 흰 숲 그늘을 이루고 있는 것은 아닐까. 무엇보다도 그 결과에 상관없이 그걸 꽃 피우고 가꾸는 것은 이제 김지하가 아니라 순전히 지금 여기의 우리들 몫은 아닐 것인가.

임동확
◈ 필자는 한때 청년기에 지울 수 없는 개인적이고 역사적인
트라우마를 겪으면서 인생의 불행이 시작되었다고 생각해본
적이 있다 ◈ 하지만 그 와중에서 '시'를 유일한 구원의
동반자로 삼으면서 김수영과 김지하를 만난 것은 내게
가장 큰 행운이자 축복이자 다행으로 여기며 하루하루를
가능하면 즐겁고 명랑하게 살아가고자 노력하는 중이다

더 낮아진다

RE: CONNECT

철학! 철학!!

『신인간』 43호, 1930년 1월 1일

조종오

현대어역 조성환

철학이라는 명사가 이 세상에 나타난 지는(기원전 6세기) 벌써 몇 천 년 전이었다. 그러나 오늘까지도 철학이 어떤 것인가 하는 데 있어서는 해석이 일치하지 않을 뿐만 아니라, 철학의 연구 범위, 다시 말하면 철학 그 자체까지도 아직까지 이론이 구구한 상황이다. 그러므로 '어떤 문제가 철학 연구의 범위에 들어갈 것인가? 그것을 연구할 문제가 어디에 있는가?' 하는 것부터 전도(前途)가 막연한 것이다. 따라서 '철학이란 어떠한 것인가?' 하는 데 있어서는 아직까지도 완전한 정의를 내리기 어려울 줄 안다. 종(縱)으로 고금의 사실(史實)을 탐구해 보아도, 횡(橫)으로 동서의 학설을 곱씹어[咀嚼] 보아도, 도무지 철학에 대한 해설이 각각 다를 뿐만 아니라, 그에 대한 견해 또한 복잡[錯雜]하여서, 도저히 한마디로 철학이란 어떠한 것이라고 단안(斷案)을 내리기가 너무나 주저된다. 다시 말하면 철학이란 것은 아직까지도 다른 특수과학처럼 완전한 학적 지위에 서지 못하였다고 볼 수 있다. 적어도 '학(學)'이라고 하면 사실의 진상을 확실히 하고 분류와 통합을 하여 원인과 결과를 명백히 한 후에 이것을 계통적으로 기술하여 세간에 존재한 일반 법칙을 발견하려고 노력하는 것을 학(學)이라 할 것이다. 학적 정의를 이상과 같이 본다면 철학이란 것은 도저히 학적 지위에 있지 못할 것이다. 왜 그런가 하면 동서고금의 철학에 대하여 해석과 견해를 보면 각양각설 천태만상으로 이론이 한결같지 못하여, 전혀 보편타당성을 갖지 못하였고, 순전히 주관적 또는 단독적이라고 볼 수 있다. 다시 말하면 갑(甲)은 일원론을 주장하고 을(乙)은 이원론을 주창하며, 병(丙)은 물[水]이 만물의 원질이라고 하고 정(丁)은 정반대로 불[火]이 만물의 원질이라고 한다. 또 무(戊)는 유심론을 주창하는 동시에 기(己)는 유물론을 주창한다. 혹은 인식론 상으로 보아도 관념론자도 있고 실재론자도 있다.

이와 같이 이론이 다종다양하게 있는 까닭에 사상적으로 중대한 문제를 어떻게 해서 고정불변하며 보편타당성을 지닌 동일한 법칙을 발견할 수 있으랴. 그런 까닭에 철학에도 '학'이란 명사를 넣으려면, 어떤 사람이 생각하더라도 이런 방법으로 생각하지 않으면 다른 방법으로는 생각할 수 없으며, 또한 그런 방법으로 생각한 결과 반드시 이러한 것이라고 하는 결론을 얻지 않을 수 없는 필연성을 갖게 된 뒤에야 비로소 철학도 학적 지위를 얻을 수 있으며, 따라서 복잡한 사상이 한결같이 통일되며, 주관성을 떠나서 객관성을 가진 완전한 학문이 될 것이다. 모든 과학 가운데 가장 보편타당성을 지닌 것은 수학이라 한다.

2+2=4라는 답을 얻게 되는 것은 동서고금을 막론하고 소학교 아동들까지도 시인하는 바이다. 만일 이것을 시인한다면 그 사람이야말로 건전한 정신을 갖지 못한 병적 현상에 있는 사람이라 할 것이다.

그러나 철학은 아직까지 이러한 필연적 보편성을 갖지 못한 점을 보아서 학적 지위를 얻으려는 도중에 있다 할 것이며, 완전한 학문이라고 하지 못할 것이다. 그러나 근일에 이르러서는 철학이란 문자가 퍽 유행한다고 볼 수 있다. 그뿐만 아니라 적어도 철학적 근거가 없는 모든 일은 허위이며 망상이며 가식이라고 한다. 따라서 한마디를 할지라도, 한 걸음을 걸을지라도, 철학적 근거가 있어야 비로소 의의가 있을 것이다.

이와 같은 현상에 있는 오늘날이므로 우리는 철학에 대한 개념이나마 가질 필요가 있다고 생각한다. 그러나 이 개념이나마 갖고자 하면 적어도 사적(史的)으로 대략이라도 알아야 할 것이며, 또는 현재의 중요 학설을 대략이나

마 종합하여 연구해야 할 것이나, 도저히 시간 관계상 단도직입적으로 모든 정의 가운데서 가장 완전하다고 생각되는 것을 소개하면,

철학은 일상생활의 경험과 과학적 연구의 결과를 종합하여 어떠한 모순도 없는 세계관에 입각하여 오성(悟性)의 요구와 정의(情意)의 희망을 만족시키는 연구이다. 따라서 철학이 취급하는 문제는 이론과 가치의 두 문제로 나눌 수 있다. 이론적 방면으로는 우리가 경험하는 삼라만상의 배후에 있다고 상상하는 본체 또는 실재를 연구하는 실재(實在) 문제와, 모든 진리의 성질을 논하는 인식 문제로 나뉘며, 가치적 방면으로는 인간의 문명적 이상인 도덕, 종교, 예술, 즉 진선미의 이상 등의 가치를 비판하는 것이라고 한다.

철학의 정의를 이와 같이 하고 보면 철학 연구의 범위가 얼마나 광범위한지를 추측할 수 있을 것이다. 다시 말하면 실재 문제, 인식 문제 안에는 논리학, 궁리학(窮理學)이 들어갈 것이며, 궁리학 안에는 형이상학, 수학, 물리학 등이 있을 것이다. 물리학 안에는 천문학, 우주학, 동식물학, 생리학, 심리학 등으로 나뉠 수 있다. 또한 가치적 방면에도 실천학, 미학 등이 있을 것이며, 실천학 안에는 윤리학, 정치학, 경제학 등이 있을 것이다.

그러므로 모든 과학을 종합한 것이 철학이다. 실로 철학은 과학의 과학이라고 볼 수 있다. 다시 말하면 특수과학에 대한 일반과학이며 보편과학에 대한 기본과학이다. 그러므로 모든 과학의 근본이 되는 철학설(哲學說)이 어떠한가에 따라서 일반 지엽과학에 많은 변동이 생길 것도 사실일 것이다. 다시 구체적으로 말하면 유물론적, 기계론적 철학설(哲學說)을 우리가 시인하고 보면, 우리 인생의 온갖 활동이란 것은 참으로 무의미할 것이다. 우리는 호흡할 자유도 없을 것이요, 기침할 자유도 없을 것이다. 오직 기계적 작용으로 맹목적으로 움직이게 될 뿐이며, 이에 모든 인류의 역사는 헛된 물건이며 인생은 영원한 미로에서 꿈틀거릴 뿐이다. 그러나 이와 반대로 유심론적 목적론적 철학설을 시인하고 보면 우리 인생의 활동은 물론이요, 한 걸음 더 나아가서 만상(萬像)의 환멸(幻滅) 또한 의미 없는 것이 아니겠다. 그러므로 철학적 근거를 가지고 철

학적 체계가 선 사람이 아니면, 그 사람의 온갖 동작은 과연 무의미하다고 생각한다. 너무나도 큰 문제를 내놓고 내용이 너무도 빈약한 감이 많으나, 후일의 기회를 남겨두고 그만둔다.

【철학사전】

[정신과학] 자연과학과 대립되는 것으로, 정신과정 및 정신소산(所産)을 그 대상으로 하는 학(學)이다. 정신과정의 연구는 심리학 또는 심리학과 유사한 학(學)이 이에 속하는 것이며, 정신소산의 연구는 그 내용 여하에 따라 여러 정신과학으로 분류할 수 있는데, 이는 다시 정신소산의 조직적 관계의 고찰을 주로 함에 따라, 조직적 과학과 발생론적 과학을 구별하면 다음과 같다. 문헌학, 사회학, 경제학, 법률학, 종교학, 정치학, 미학 등은 전자에 속하고, 일반역사와 특수역사는 후자에 속한다. 그러나 양자는 완전히 분리할 수 없다. 오히려 전후가 상보상부(相補相扶)하는 것이라고 할 수 있다. 이것이 애초에는 동일한 과학으로 되어 있었다. 예컨대 법률학과 법률학사(法律學史)의 관계와 같다. 이상은 대상, 즉 실질로부터 자연과학과 구분되는 정신과학의 설명이나(윌덴반드) '릿껠트' 등은 이를 논리적 방법, 즉 형식의 방면으로부터 구분하였다. 자연과학에 대하여 문화과학 또는 역사과학을 주창하고, 이 문화과학 또는 역사과학은 이상의 정신과학에 해당하는 것인데, 그 형식적 방면에 있어 다른 것에 불과한 것이다.

[정신론] 이성학(理性學)으로, 칸트는 순수한 이성 인식은 경험으로부터 나오는 것이 아니라 전적으로 이성으로부터 나왔다고 주장하는 이를 정신론자라고 하였다. 이러한 의미에서 플라톤, 라이프니치, 피히테, '헤겔' 등은 정신론자라고 할 수 있다. 그런데 '칸트'는 그 중에서 '플라톤'을 가장 적절한 대표자라고 칭하였다. 그러나 경험론자들은 이 학설을 반대하였다. '오이켄'은 철학은

단지 정신론이라고 주장할 뿐 아니라, 정신론적 방법을 취할 것이라고까지 주장하였다. 그 정신론이라는 것은 경험적 심리적 생활에 대하여 단독적으로 그 이상, 다시 말하면 본원적 본질적 창조적 전체적 능동적 세계사적 등, 정신생활에 입각한 철학을 말하는 것이다(또한 정신론을 심리학적으로 보는 학자도 있는데, 이는 생략함).

[정신철학] 형이상학의 한 분야로, 자연철학과 짝이 된다. 정신과정 및 형상(形象) 등을 가장 근본적으로 종국까지 연구 천명(闡明)하는 철학을 정신철학이라고 한다.

[정신생리학] 주로 중추신경계통에 관한 특수생리학을 말하고, 정신현상을 생리학적 방법으로 설명하려 하는 일종의 생리학적 심리학이라고도 할 수 있다.

[정신생물학] 생물의 작용에 관한 반응의 형식을 그 근육, 샘[腺], 정신계통 등의 생물학적 사실에 기초하여 연구하며, 정신현상의 의미를 설명하려고 하는 심리학을 말한다.

[정신동작학] 신체의 운동이 일정한 목적으로 운동하는 유의식적(有意識的) 동작을 정신적 동작이라고 하며, 이를 생리학적 또는 심리학적 방면으로 연구하는 것을 정신동작학이라고 일컫는다.

[정신발생학] 정신의 기원 및 발달을 연구하는 과학이다. 이것은 두 종류로 나눌 수 있다. 개체발생학, 계통적 발생학. 전자는 개체의 정신의 기원 및 발달을 연구하는 것이고, 후자는 동물의 진화 및 인간의 마음의 역사적 기원 및 발달을 연구하는 것이다.

[정신물리학] 심신의 기능적 관계, 즉 의존관계를 연구하는 정신과학이다. 이것을 한때는 실험심리학 또는 생리학적 심리학과 동일시하였는데, 그 뒤로는 물적 자극과 감각의 관계를 연구하는 실험심리학의 일부의 명칭이 되었다.

[정신분석] '로이트'('프로이드?'-역자 주)의 정신병학적 방법을 가리킨다. 그는 현실의 정신 상태를 이해하기 위해서는 개인의 현실 지식을 수단으로 하여, 그

과거의 역사를 비판적으로 해석하지 않으면 안 된다고 하였다. 그것이 만일 대화에 의하여 불가능한 경우에는 연상법 및 꿈의 분석을 요하게 된다. 꿈(?)은 현실의식에 의해 억압되어 있는 무의식적 현상이다. 그래서 꿈을 성욕의 징표라고 해석하고, 이것을 분석하여 그 개인의 무의식이 형성되고 있음을 알아내어 정신병원(精神病原)을 진단하라고 하는 것이다.

[현상론] 우리가 인식하는 대상은 그 인식이 되는 것 같은 외계에 부합한 실재가 아니고, 단지 우리의 정신작용에 의해 발현되는 관념에 지나지 않은 것이라고, 우리의 지식을 현상에 제한하는 학설을 말한다. 다시 말하면 우리의 인식은 단지 사물의 가상(假象)을 얻을 뿐이지, 그 실체를 인식할 수 있는 것은 아니다. 인식하였다고 생각하는 것은 단지 우리의 정신 현상에 불과한 것인데, 실체와는 아무런 유사성이 없다고 하는 것이다. 그렇기 때문에 이것을 극단적으로 말하면, 실재는 단지 관념에만 존재하는 것이고, 관념을 떠난 실재는 없다고 하는 것이다.

[현상론적 과학] 과학의 연구법에는 세 종류가 있다고 보는데 1. 현상론 2. 발생론 3. 조직론이다. 현상론적 과학이란 위의 세 종류의 연구 방법에 의거하여 현상의 인과관계에 기초하여 설명하는 과학이다. 예컨대 자연과학에 대한 물리학, 화학, 생리학 등과 같은 것이고, 정신과학에 대한 심리학, 사회과학 등과 같은 것이다.

[현상학] 의식적 사실의 생장 발전을 서술하여 연구하는 학(學)으로, 헤겔 철학과 같은 것이다.

[현상계] 현상 세계들의 이름이다. 이 현상계를 세 종류로 나눌 수 있다. 1. 초경험적 세계에 대한 경험적인 세계 2. 형이상의 세계에 대한 형이하의 세계 3. 가상적(可想的) 세계에 대한 가감적(可感的) 세계의 총칭이다.

[해설]

『동학천도교인명사전』(이동초 편, 모시는사람들)에 의하면 저자는 1929년에 일본대학 윤리교육과를 졸업하고, 그 뒤에 천도교 청년당에서 활발한 활동을 하였다. 따라서 이 글에서 소개되고 있는 서양철학에 대한 지식은 일본 유학 시절에 습득한 것으로 추측된다. 아울러 이 글의 제목 「철학! 철학!!」은 서양철학에 대한 저자의 열정을 단적으로 보여주고 있다. 나아가서는 당시에 천도교의 서양철학에 대한 태도를 엿볼 수 있다. 1922년에 『개벽』에 실린 『세계개조 10대 사상가』의 광고는 이러한 맥락에서 이해할 수 있다. 1930년대의 이돈화의 『신인철학』도 이러한 분위기에서 가능했을 것이다. "천도교의 서양철학 수용사"는 천도교의 사상을 이해하는 데 있어서는 물론이고, 한국의 서양철학 수용사를 이해하는 데 있어서도 빼놓을 수 없는 연구주제이다.

『동학천도교인명사전』에 나와 있는 저자 약력을 소개하면 다음과 같다:

"조종오(趙鍾浯)―성암(誠菴), 아호는 은포(隱圃). 1891년 9월 9일 영흥군 진평면 건천리에서 조응교(趙應敎)의 5남으로 출생하였고, 11세 때인 1902년에 천도교에 입교하였다. 경성오성중학(1913)과 보성전문학교를 졸업(1916)한 뒤, 고원군교구 강도원을 거쳐, 삼일운동으로 1년간 옥고를 치른 뒤에, 원산의 해성학교에서 교편을 잡았다. 원산교구 강도원, 시신포(侍信布) 포덕사로 활동하였다. 그 뒤 일본으로 건너가서 일본대학교 윤리교육학과를 졸업하고(1929), 귀국한 후에 천도교청년당 경성부 집행위원 후보, 청년당 경성부 재무위원, 중앙종리원 법도관 관서, 조선노동사 중앙감사, 청우당 중앙집행위원 후보위원, 부대령 전도, 청년당 중앙집행위원 및 학생부위원, 청년당 경성부 부대표, 명원포 신정, 경성종리원 부령, 청년당중앙검찰위원-상무 등을 역임하였다. 안성광업소에 근무하다가 1942년에 만주로 건너가 비밀결사 무농원(武農園) 사건으로 2년간 옥고를 치렀다. 광복 후에는 안성에서 교편생활을 하면서 종의원, 도정, 선도사 등을 역임하다. 1970년 1월 2일에 79세로 세상을 떠났다.

사회개조 팔대 사상가(1)

1920년 동경당서점(東京堂書店) 간행

번역 조성환 김정현

이쿠타 조코* 혼마 히사오**

[역자 해설]

1922년 9월에 나온 『개벽』 27호에는 맨 앞에 주목을 끄는 책 광고가 하나 실려 있다. 바로 『세계개조 10대 사상가』이다. 이교창(李敎昌)과 노자영(盧子泳)의 공편(共編)으로 간행된 이 책은 2년 전에 일본에서 간행된 『사회개조 8대 사상가(社会改造の八大思想家)』를 모태로 하고 있다. 『사회개조 8대 사상가』는 『개벽』이 창간되던 1920년에 이쿠타 조코(生田長江)와 혼마 히사오(本間久雄)의 공저로 동경에서 간행되었다(東京登堂書刊). 『사회개조 8대 사상가』는 다시 1915년에 동경에서 간행된 『근대사상 16강(近代思想十六講)』을 잇고 있다. 이 책은 나카자와 린센(中沢臨川)과 이쿠타 조코(生田長江)의 공저로 신조사(新潮社)에서 간행되었다. 따라서 『근대사상 16강』과 『사회개조 8대 사상가』에는 모두 이

---

* 이쿠타 조코(生田長江, 1882~1936). 본명은 히로하루(弘治). 일본의 번역가이자 평론가로, 주로 니체와 톨스토이를 번역했다. 17세 때(1898년) 프로테스탄트 계열의 교회에서 세례를 받았고, 21세(1903년) 때 동경제국대학 철학과에 입학하여 미학을 공부했다. 1911년에 현황사(玄黄社)에서 『니체어록(ニイチェ語録)』(=『짜라투스트라는 이렇게 말했다』)과 『톨스토이 어록(トルストイ語録)』을 냈다. 1915년에는 나카자와 린센(中沢臨川)과 공저로 『근대사상 16강(近代思想十六講)』을 썼고, 이 책은 1933년에 新潮文庫로 다시 간행되었다. 1916년에는 톨스토이의 『나의 종교(我が宗教)』(新潮社, 톨스토이 총서1)를 냈고, 1916년부터 1929년까지 『니체전집』(전10권)을 간행했으며, 1936년에는 『(新訳決定普及版)니체전집(ニイチェ全集)』(전12권)을 간행하였다.

** 혼마 히사오(本間久雄, 1886~1981)는 일본의 영문학자로, 와세다대학(早稲田大学)과 실천여자대학(実践女子大学) 명예교수를 지냈다.

쿠타 조코(生田長江)가 저자로 참여했음을 알 수 있다.

『근대사상 16강』에는 총 15명의 사상가와 문학가가 수록되어 있다. 그들의 이름을 열거하면 다음과 같다: 레오나르드 다빈치, 루소, 니체, 막스 슈티르너, 톨스토이, 도스토에프스키, 입센, 다윈, 에밀 졸라, 귀스타브 플로베르, 윌리엄 제임스, 오이켄, 베르그송, 타고르, 로맹 롤랑.

한편 『사회개조 8대 사상가』에는 "마르크스, 크로포트킨, 러셀, 톨스토이, 모리스, 카펜터, 입센, 케이"의 8명이 수록되어 있고, 『세계개조 10대 사상가』에는 "톨스토이, 입센, 카펜터, 러셀, 엘렌 케이, 다윈, 타고르, 루소, 마르크스, 모리스"가 소개되고 있다. 양자를 비교해 보면, 『8대 사상가』 중에서 크로포트킨을 제외한 7명의 사상가가 『10대 사상가』에 그대로 들어 있고, 그 외에 다윈, 타고르, 루소가 추가되었음을 알 수 있다.

이들은 당시의 천도교인들이 보기에 하나같이 "서양의 개벽사상가"에 다름 아니었을 것이다. 실제로 당시의 『개벽』 잡지에는 이 개조사상가들을 소개하는 글이 자주 보인다. 개벽을 열망하는 천도교의 사상적 지향성이 서양의 사회개혁 사상에 대한 관심을 증폭시켰을 것이고, 그것이 일본의 '개조(改造)' 담론을 통해 한반도로 수용되었음을 알 수 있다.

『세계개조 10대 사상가』는 국립중앙도서관 홈페이지에서 원문 열람이 가능하다. 이 책의 편자 중 한 사람인 노자영(盧子泳, 1898~1940)은 『한국민족문화대백과사전』에 인물 정보가 실려 있다. 호는 춘성(春城)이고, 『처녀의 화환』, 『내 혼이 불탈 때』, 『백공작』 등을 저술한 시인이자 수필가라고 한다. 《한국사데이터베이스》 홈페이지에서 '盧子泳'으로 검색해 보면, 『개벽』 8호(1921년 1월)와 9호(1921년 2월)에 「女性運動의 第一人者—Ellen Key(엘렌케이)」라는 제목의 글을 두 차례에 걸쳐 쓰고 있다. 노자영이 여성운동에도 관심이 많았음을 알 수 있고, 이러한 관심의 연장선상에서 『세계개조 10대 사상가』에 '엘렌 케이'가 들어 있음을 추측할 수 있다.

개인적으로 『사회개조 8대 사상가』의 존재는 이 글의 공동번역자이자 '니체 사상의 동북아시아 수용 연구'의 권위자이기도 한 원광대학교 동북아시아 인문사회연구소 김정현 소장님을 통해 알게 되었다. 그리고 그것이 계기가 되어, 우연히 『개벽』 잡지를 뒤지다가 『사회개조 10대 사상가』의 광고를 접하게 되었다. 아울러 『사회개조 8대 사상가』의 원문은 일본의 토호쿠대학(東北大學) 대학원에서 유학 중인 최다울 선생님이 제본해서 보내주었다. 이 자리를 빌려 김정현 소장님과 최다울 선생님께 깊은 감사를 드린다.

이번 호에는 서문과 제1장 「마르크스」 편만 번역하였다. 다음 호에도 이어서 번역문을 실을 예정이다. 참고로 이번에 번역한 『사회개조 8대 사상가』의 「마르크스」 편은 『세계개조 10대 사상가』의 「마르크스」 편에도 동일한 내용으로 실려 있다. 『사회개조 8대 사상가』 「마르크스」 편의 충실한 번역문이라고 해도 좋을 정도이다. 다만 고어 투로 되어 있는 국한문 혼용이어서 가독성은 현저히 떨어진다.

번역을 하는 과정에서 확인이 안 되는 인명이 더러 있었다. 이 부분은 향후 과제로 남겨 둔다. 아울러 번역문의 각주는 모두 번역자의 것이다.

- 역자를 대표해서 조성환 씀

【서문】

'사회개조'가 지금의 가장 중요한 세계적 운동이라는 점은 여기에서 새삼 말할 필요도 없다. 이 세계적 운동의 사상적 의의는 어디에 있는 것일까? 이 물음을 해결하는 것은 사회개조를 생각하는 모든 사람에게 근본적인 문제 중의 하나이어야 한다. 그리고 이것을 해결하기 위해서는 먼저 '어떤 사상가의 어떤 사상이 그런 사회개조운동을 이끌어 내거나 주창했는가, 또는 공헌했는가'라는 문제를 검토하는 것이 가장 유효하고 가장 흥미로운 일이지 않으면 안 된다. 우리가 이 책에서 마르크스, 크로포트킨, 러셀, 톨스토이, 카펜터, 모리스, 입센, 엘렌 케이 등의 8대 사상가를 데려와서, 그들의 사상을 해설하고 소개하려고 시도한 까닭이 여기에 있다.

　　이 8대 사상가는 '사회개조'라는 목적은 공유하지만, 개조의 근본적인 방법에 이르러서는 하나같이 각각 다른 입장에 있고, 그 다른 입장에서 하나같이 대표적 사상가라는 점은 두말할 필요도 없다. 따라서 이 책은 어떤 의미에서는 사회개조사상의 전 분야의 축소도라고 볼 수도 있을 것이다.

　　사상은 또 그 '사람'과 떨어져서는 잘 이해될 수 있는 것이 아니다. 따라서 이 책에서는 지면이 허용하는 범위 내에서 8대 사상가들의 생활과 인격도 같이 서술했다. 또한 이 책은 8대 사상가들의 사상을 소개하고 이해하는 것이 목적이기 때문에, 서술에 있어서는 어디까지나 평이함과 온건함을 목표로 하고, 엄격하게 찬반의 주장을 넣는 것을 피했다. 이 점은 독자들에게 미리 양해를 구한다. - 1920년 11월 저자

제1장 마르크스

【1. 과학적 사회주의의 시조】

사회주의 학설은 마르크스(Karl Marx, 1818~1883)에 의해 집대성되었다. 마르크스 이론은 지금은 인류의 지식 발달사에서 획기적인 것으로 받아들여져야 할 시기에 도달하고 있다.

미국의 사회주의자 루이스 부딘(Louis Boudin)[1]이 마르크스 학설을 논하여 "마르크스 이론은 가장 먼저 인정받기 위해서 싸우는 것이 아니라, 그의 『자본론』 제3권의 완성 이래로 획득한 유일한 공인된 학설이라는 지위를 유지하기 위해서 싸우고 있는 것이다"라고 한 말은 실로 명언이라고 하지 않을 수 없다. 칼 카우츠키(Karl Kautsky)[2]가 "마르크스 이론이 폐지될 때는 그 실행가

---

[1] 루이스 부딘(Louis B. Boudin, 1874-1952)은 러시아 출신으로 미국에서 활동한 최고의 권위 있는 마르크스 이론가이다. 그는 미국 최초의 사회주의 정당인 '미국 사회주의 노동당(Socialist Labor Party of America: SLP)'과 '미국 사회당(The Socialist Party of America: SPA)'의 일원으로 활동했다. 1905년 5월부터 1906년 10월까지 시카고 잡지 《국제 사회주의자 리뷰(The International Socialist Review)》에 마르크스주의를 소개하는 기사들을 썼으며, 이를 바탕으로 1907년에 『최근의 비평에 비추어 본 칼 마르크스의 이론 체계The Theoretical System of Karl Marx in the Light of Recent Criticism』(Chicago: C.H. Kerr)를 출간했다. 이 책은 1921년에 야마카와 히토시(山川均)에 의해 『마르크스 학설 체계(マルクス学説体系)』(東京: アルス)라는 제목으로 일본어로 번역되었다.

[2] 칼 카우츠키(Karl Johann Kautsky, 1854~1938)는 체코계 오스트리아인으로 독일을 중심으로 활동한 마르크스주의 정치이론가이다. 1891년 베벨(August Bebel), 베른타인(Eduard Bernstein)과 함께 독일 사회민주당(Sozialdemokratische Partei Deutschlansd: SPD)의 에르푸르트 강령(Erfurter Programm)을 기초했다. 엥겔스와도 절친한 관계를 유지했고, 엥겔스 사후 정통 마르크스주의 이론가로 활동하며, 레닌, 트로츠키, 스탈린 등과 소비에트 연방의 본질에 대해 논쟁을 벌였다. 일본에서는 1921년에 『마르크스 『자본론』 해설(マルクス『資本論』解説)』(大鐙閣)과 『민중정치와 독재정치(民衆政治と独裁政治)』(広文館)를 비롯하여 30여 권에 달하는 저서가 번역되었다. 국내에서는 『사회민주주의의 기초』(1991)를 비롯하여 『윤리와 유물사관(외)』(2003), 『프롤레타리아 (계급)독재』(2006, 2011, 2013), 『그리스도의 기원』(2011), 『농촌문제』(2014), 『새로운 사회주의의 선구자들』(2018), 『토마스 모어와 유토피아』(2020), 『에르푸르트 강령』(2021) 등이 번역되어 있다.

가 나타난 때이다"라고 말한 것에 비추어 보아도, 또는 파울 바이젠그륀(Paul Weisengruen)[3] 박사가 "마르크스 이론의 위기는 사회과학 전체의 위기를 의미한다"[4]고 한 말에 의거해 보아도, 마르크스학의 본루는 일찍부터 엄연히 부동의 것이 되었다고 할 수 있다. '과학적 사회주의의 시조'라는 영광을 짊어진 마르크스는 1818년 5월 5일 화요일에 독일에서 가장 오래된 도시 중의 하나인 라인주(州)의 트레브[5]라는 마을에서 태어났다. 마르크스가 태어날 당시의 트

---

[3] 파울 바이젠그륀(Paul Weisengruen)은 저서로 『여러 역사관(Verschiedene Geschichtsauffassungen』(1890), 『인류의 발전법칙. 사회철학적 연구(Die Entwickelungsgesetze der Menschheit. Eine socialphilosophische Studie』(1898), 『마르크스주의의 종말(Das Ende des Maxismus)』(1899), 『마르크스주의와 사회문제의 본질(Der Marxismus und das Wesen der sozialen Frage』(1900), 『개인주의와 사회주의의 구원: 사회학과 경제정책의 새로운 내재적 체계 요약(Die Erlösung vom Individualismus und Sozialismus: Skizze eines neuen, immanenten Systems der Soziologie und Wirtschaftspolitik』(1914), 『문화정책, 세계전쟁과 사회주의(Kulturpolitik, Weltkrieg und Sozialismus)』(1920) 등이 있다.

[4] Louis B. Boudin, *The Theoretical System of Karl Marx in the Light of Recent Criticism,* Chicago: Charles H. Kerr, 1920, 12쪽 인용.

[5] 칼 마르크스의 고향은 그가 태어나기 4년 전까지만 해도 프랑스 영토였기에 이 도시의 이름은 프랑스어로 '트레브(trèves)'로도 불렸다. 독일령이 된 후에는 현재까지 '트리어(Trier)'로 불린다.

레브 마을은 독일 영토가 된 지 겨우 4년이 지난 상태로, 여전히 예로부터 영향 받은 프랑스의 자유사상의 흔적이 마을 전체에 흐르고 있었다.

그러나 프로이센의 지배권 확립과 동시에 이 정부에 의해 교묘하게 양성된 애국적 신(新) 정신이 반(反)혁명을 목적으로 해서 성립한 '신성동맹'과 결합해 이 자유의 마을 트레브를 위협했다.

마르크스의 아버지[6]는 트레브 마을에서도 상당한 사회적 지위를 점하고 있는 유대인 법률가로, 그의 사상은 18세기의 프랑스 자유주의의 영향을 상당히 받고 있었다. 그는 볼테르 숭배자이자 라이프니츠 학도였고, 루소에 경도되었으면서, 레싱[7]을 흠모했다. 그는 이런 측면을 지니면서 동시에 묘하게도 보수적인 면도 지닌 사람이었다. 그래서 그는 철학적으로는 자유주의자이지만 정치적으로는 보수주의자이자 반동주의자였다.

이런 아버지 밑에서 자란 마르크스의 유년시절은 모든 의미에서 대단히 행복하였다. 특히 아버지는 마르크스의 재능을 사랑하여, 한편으로는 마르크스의 더없는 친구이면서 다른 한편으로는 교사가 되었다. 아버지는 어린 시절부터 마르크스에게 자신이 배운 철학·종교·역사의 문제들을 친절하게 해설하고 가르쳐 주었다. 훗날 마르크스로 하여금 철학을 배우고 싶은 욕구를 일으키게 한 것은 전적으로 아버지였다고 해도 과언이 아닐 정도이다.

마르크스의 아버지 친구 중에 프로이센의 관리였던 루드비히 폰 베스트팔렌[8]이 있었다. 마르크스가 아버지 다음으로 많은 감화를 받은 것은 이 사람이다. 베스트팔렌에게는 예니(Jenny von Westphalen, 1814~1881)라는 딸이 있었다.

---

[6] 마르크스의 아버지 이름은 하인리히 마르크스(Heinrich Marx, 1777~1838)이다.

[7] 고트홀트 레싱(Gotthold Ephraim Lessing, 1729~1781)은 독일 계몽주의 시대의 문학평론가이자 극작가로, 독일 근대 희곡의 아버지로 불린다.

[8] 요한 루드비히 폰 베스트팔렌(Johann Ludwig Freiherr von Westphalen, 1770~1842) 남작은 프로이센의 공무원으로 활동했고, 후일 마르크스의 장인이 되었다. 마르크스가 어렸을 때부터 트리어에서 가족끼리 교류하며 지냈으며, 그는 어린 마르크스에게 호메로스, 셰익스피어, 볼테르, 라신, 생시몽의 공상적 사회주의 등을 접하게 하는 등 많은 영향을 주었다. 마르크스는 1841년에 자신의 박사학위논문 『역사적 법학파의 철학 선언(Das Philosophische Manifest der Historischen Rechtsschule)』을 그에게 헌정했다.

예니는 나중에 마르크스의 아내가 되어 가난 속에서도 남편의 대사업을 돕게 되는데, 두 사람은 이미 소년 시절부터 사상의 동료가 되어 있었다.

얼마 지나지 않아 마르크스는 생활에 커다란 변화도 없이 트레브의 고등학교를 졸업했다. 졸업과 동시에 그는 본(Bonn)대학에 입학했다.

본대학에서의 마르크스는 그다지 성적이 좋은 학생은 아니었다. 그 때문에 이듬해 학교를 그만두고 베를린대학에서 배우게 되었다. 본대학 재학 중에 성적이 대단히 안 좋았던 이유로는 여러 가지가 있는데, 주된 원인은 예니에 대한 사랑 문제였음은 부정할 수 없는 사실이다. 청춘기에 들어간 그는 처음부터 예니를 보통의 친구 관계로는 만족할 수 없었던 것이다. 그래서 그는 용감하게 예니에게 절절한 속내를 털어놓았고, 두 사람은 서로 굳게 맹세했지만, 자신들의 결혼이 이루어질 가망은 없다고 생각했다. 왜냐하면 예니의 아버지는 대단히 부유한 데 반해서 마르크스의 아버지는 그다지 부유하지 않았고, 예니가 대단히 미인이어서 여러 곳에서 결혼 요청이 들어오는 등 세간의 사정이 숨어 있는데다가, 예니 부모의 눈에는 마르크스가 그다지 유망한 청년으로 비치지 않았기 때문이다.

1836년, 이러한 번민을 가슴에 품은 채 마르크스는 베를린대학[9]에 입학했다. 당시의 베를린대학에는 헤겔(Georg Wilhelm Friedrich Hegel, 1770~1831)의 영향이 대단히 강하게 남아 있었다. 이 대철학자의 강의를 듣기 위해서 독일 전역에서 많은 학생들이 구름처럼 몰려들었다. 마르크스는 이 무렵 사랑의 번민 때문에 안타까운 나날들을 보내고 있었는데, 그의 요구는 마침내 받아들여져서 예니의 부모가 두 사람의 결혼을 허락했지만, 마르크스의 고뇌는 한층 깊어져 갈 뿐이었다. 그것은 예니와 멀리 떨어져 있는 데에서 오는 불안과, 예니

[9] 마르크스가 공부했던 베를린대학은 훔볼트대학(Humboldt-Universität zu Berlin)이다. 본관에 들어가면 2층 오르는 계단 위 정면에 마르크스의 포이에르바흐 11번의 유명한 문구 "철학자는 세계를 단지 다양하게 해석만 해왔다. 그러나 중요한 문제는 세계를 변혁하는 일이다.(Die Philosophen haben die Welt nur verschieden interpretiert, es kommt aber darauf an, sie zu verändern.)"가 적혀 있다.

가 그의 편지에 대해서 도무지 답장을 보내지 않았기 때문이었다. 그러나 그 번민은 얼마 지나지 않아 사라지는 시기가 찾아왔다. 하지만 사랑의 번민이 사라짐과 동시에 새로운 정신적 번민이 엄습해 왔다. 마르크스는 베를린대학에 입학한 첫 학기에 유명한 법학자 요한 고트립 하이네치우스[10]의 저서를 읽고, 이어서 순리철학(純理哲學)을 연구하여 『실증론(實證論)』에 관한 300쪽에 달하는 논문을 쓰고, 자신의 새로운 철학 체계를 수립하려 하였다. 동시에 고등수학을 연구하고 독일의 역사, 예술 및 문학에 관한 여러 저작들을 탐독했다. 그런데 이 무렵부터 점차 대시인이 되고 대극작가가 되겠다는 꿈같은 희망이 그의 마음속에 싹트기 시작했다.

"시는 우주의 중심이다"라는 사상이 강하게 그를 지배하였다. 그러나 그것도 이 대사상가의 청년시절을 오래도록 사로잡지는 못했다. 얼마 안 있어 마르크스는 청년 헤겔학도 그룹에 투신하여 자신의 지식적 활동의 새로운 출발점으로 삼았다. 어떤 의미에서 헤겔 철학은 당시에 가장 강력한 혁명적인 외침이었다. 그러나 그의 학설은 종종 피상적인 왕권 옹호자들에 의해 보수주의를 표명하는 것으로 받아들여졌다.

헤겔의 유명한 격언 "존재하는 모든 것은 도리에 맞는 것이며, 도리에 맞는 것은 존재하는 것이다"[11]는 말도 빌헬름 3세 및 그의 충성스런 부하에게 있어서는 보수주의의 변호라고 생각되었다. 그러나 헤겔이 말하는 '도리'의 의미는 그것이 현존하기 때문에 도리라는 것이지, 그 존재를 찬양한다는 의미가 아니다. 그것이 필요한 동안만 합리적이라는 의미이다. 불합리한 정부가 계속해서 존속하는 것은 국민의 과오에 의한 것으로, 국민의 과오가 그런 정부의

---

[10] 요한 고트립 하이네치우스(Johann Gottlieb Heineccius, 1681-1741)는 독일 이이젠베르크(Eisenberg)에서 태어나서 라이프치히대학에서 신학을, 그리고 할레대학에서 법학을 공부했으며, 후일 할레대학에서 철학, 법이론 교수를 했다. 그는 법을 경험적 기술이 아닌 합리적 학문으로 다루며, 법의 원리를 철학 체계로 발전시켰다.

[11] 이 말은 헤겔의 저서 『법철학 강요』에 나오는 다음의 문구를 언급한 것이다: "이성적인 것은 현실적이며, 현실적인 것은 이성적이다.(Was vernünftig ist, das ist wirklich; und was wirklich ist, das ist vernünftig.)" Hegel, *Grundlinien der Philosophie des Rechts*, Frankfurt am Main 1972, 24쪽.

존재를 필요로 하고 있다는 것이다.

　그래서 헤겔 철학은 진화 발전의 역사적 과정을 없어서는 안 되는 것으로 인정하였다. 즉 언젠가 혹은 어느 시대에 필요했던 것이 다음 세대에는 완전히 불필요하게 되어, 그 현실성을 상실함과 동시에 새로운 현실이 발전해 온다. 이렇게 해서 인간의 역사를 통해서 과거에 현실적인 것은 모두 비현실적인 것이 되지 않을 수 없다. 과거에 합리적이었던 모든 것은 모두 불합리적이지 않을 수 없다. 이상의 견지로부터 추론해 보면 진리는 결코 고정불변된 것이 아니다. 진리는 지식의 절대 총량이 아니라 단지 한없고 끝없는(無限無終) 생장(生長)이다. 한 시대의 진리, 즉 그 시대의 지식의 총량은 한층 더 큰 지식을 갖는 다른 시대에는 전혀 진리가 아니다. 그래서 헤겔이 철학사에서 공헌한 이 혁명 사상의 중요성은 당시의 철학계의 정세를 상세히 밝히지 않으면 알 수 없다. 그가 철학에 대해서 한 일은 동시에 역사에 대해서 한 일이다. 그는 절대 진리를 부정함과 동시에 역사의 과정이 절대의 완성에 도달해서 끝난다는 생각을 부정했다. 그러나 그의 학설에 의하면 역사 발달 과정의 배후에는 '절대 이성'[12]이 있다. 바꿔 말하면 신의 현시(現示)이다. 헤겔의 이런 몽환적 유심론에 대해서는 젊은 헤겔학도들 사이에서 대단한 저항운동이 나타나기 시작했다. 이때 마르크스는 선배 바우어[13]와 함께 급진사상의 잡지를 간행할 계획을 하고 있었다. 바우어는 베를린대학 신학(神學) 강사를 5년간 하고 있었는데, 1839년에 본대학으로 옮기면서 마르크스에게 철학박사 학위를 따서 본대학 철학 강사가 될 것을 권고했다. 이로 인해 본대학 철학 강사가 되는 것이 마르크스의 새로운 희망이 되었다. 그러나 그것도 얼마 지나지 않아 사라지고, 점점 그의 운명은 신문기자가 되는 방향으로 흘러갔다. 그 무렵 라인주(州)의 신사벌(紳士閥) 진보주의자 중에서 가장 급진파에 속하는 무리들이 《라인신문

---

[12]　철학사에서는 보통 '절대정신'이라는 말로 알려져 있다.
[13]　브루노 바우어(Bruno Bauer, 1809~1882)는 독일 출신의 신학자이자 철학자, 역사학자로, 청년 헤겔파의 대표적인 인물이다.

(Rheinische Zeitung)》이라는 정치적 일간신문을 발행하고 있었다. 그리고 마르크스도 많은 선배, 친구들과 함께 그 신문의 투고자가 되었다. 그러나 얼마 지나지 않아 그의 저널리스트적 재능의 우수성을 인정받아, 1842년 초에 주필이 되었다. 이때 그의 나이는 불과 24세였다. 하지만 이 신문은 온갖 박해와 압박 때문에 결국 1843년 3월에 발행이 금지되게 된다. 마르크스는 금지 명령을 접함과 동시에 곧장 파리로 거주지를 옮기고, 아르놀트 루게(Arnold Ruge)[14]와 함께 공동경영의 형태로 《독불연보(獨佛年報, Deutsch-Französische Jahrbücher)》라는 잡지를 발행하였다.

그는 이때 처음으로 헤겔의 법리 철학에 관한 의견을 발표했는데, 이 시기의 마르크스의 연구야말로 그로 하여금 철학의 세계에서 사회주의로 나아가는 길을 발견하게 하였다. 하지만 《독불연보》는 오래 가지 못하고 폐간되게 되는데,[15] 이 짧은 기간에 그가 평생을 통해서 잊을 수 없는 일은 맹우(盟友) 엥겔스를 알게 된 것이었다. 엥겔스는 마르크스보다 두 살 어리지만, 그보다도 일찍 헤겔학파를 벗어난 물질 사상의 소유자였다. 그 후 두 사람은 감탄할 만한 우정으로 서로 맺어지고, 연구 상에서 혹은 실제 운동 상에서 변함없는 연대를 지속하였다.

《독불연보》폐간 후에 마르크스와 엥겔스는 하이네(Heine)[16], 에버베크[17] 등과 협력해서 《포어베르츠》[18]라는 잡지를 발행하고, 두 사람의 서명이 들어

---

[14] 아르놀트 루게(Arnold Ruge, 1802~1880)는 독일의 헤겔 좌파 철학자이다.

[15] 《독불연보》는 창간호만 발행하고 곧바로 폐간되었다.

[16] 하인리히 하이네(Heinrich Heine, 1797~1856)는 독일 시인으로 낭만주의 서정 시인으로 출발했다가 마르크스 등과 교류하면서 사회주의적 성향을 띠게 되었다.

[17] 아우구스트 헤르만 에버베크(August Hermann Ewerbeck, 1816~1860)는 사회주의적 정치운동가, 작가로 잘 알려져 있다. 에티엔 카베의 사회주의 소설 『이카리아 여행』을 프랑스어에서 독일어로 번역하였으며(1848), 저서 『독일 철학과 사회주의(Deutsche Philosophie und Sozialismus)』를 출간했다.

[18] 《포어베르츠(Vorwärts)》는 독일 사회민주당의 중앙기관지다. 원래는 1884년 4월부터 독일 사회주의 노동자당의 베를린 지방 기관지로 발행되었던 《베를린 폴크스블라트(Berliner Volksblatt)》인데, 당명이 '독일사회민주당'으로 바꾸면서 1891년 1월부터 《포어베르츠(Vorwärts)》라는 이름의 새로운 당 중앙기관지 겸 베를린의 지방당 기관지로 발행되어 1914년까지 이어졌다.

간 《신성 가족(Die heilige Familie)》이라는 제목의 팸플릿을 간행하였다. 이것이 두 사람의 이름으로 나온 첫 번째 저작이다. 그 후 마르크스는 그의 언설이 화근이 되어 파리에서 쫓겨나 브뤼셀(Brussels)로 옮겨가는데, 거기에서 신문잡지에 투고하면서 근근이 생활비를 벌며 연구를 지속하였다. 그의 명저 『자본론(Das Kapital)』은 실로 이 무렵에 근본 사상이 잉태된 것이다. 그러고 나서 마르크스와 엥겔스 두 사람은 독일 망명자가 파리에 설립한 '공산주의 동맹'에 가입하는데, 거기에서 마르크스는 일약 핵심 인물로 추대되기에 이른다. 사회운동가로서의 마르크스의 생활은 이때부터 첫 걸음을 내딛게 된다.

【2. 기억할 만한 1848년】

당시에는 카베(Cabet)[19]와 크토링[20]의 공산주의가 노동자들 사이에서 가장 많은 신망을 얻고 있었다. 이들을 더 분류하면, 공상적 사회주의를 신봉하는 카베 일파와 음모적 혁명주의를 신봉하는 바이틀링(Weitling)[21] 일파, 그리고 둘 중 어디에도 속하지 않는 일파의 세 파로 나뉘어져 있었다. 이 중 세 번째 당파에 속하는 사람들은 이후에 국제적 연락을 취하기 위해 런던에 본부를 설치하고, 지부를 유럽 여러 나라의 주요 도시에 두었다. 그 무렵 런던에는 세 명의 독일인 망명자, 즉 칼 샤퍼(Karl Friedrich Schapper), 하인리히 바우어(Heinrich Bauer), 요세프 몰(Joseph Moll)에 의해 조직된 '노동자교육협회(Workers'

---

[19] 에티엔 카베(Etienne Cabet, 1788~1856)는 프랑스의 공산주의자로, 1840년에 『이카리아 기행(Voyage en Icarie)』이라는 소설을 통해 완전한 공동소유가 실현된 이상적 공동체를 제시했다. 그의 공상적 사회주의는 기독교적 인간의 평등과 우애를 실현하는 이상적 공동체의 성격을 지니고 있었으며, 이를 '이카리아 공산주의(Icarian Communism)'라고도 한다.

[20] 원문은 '쿠-트리ング'인데, 누군지 알 수 없다.

[21] 빌헬름 바이틀링(Wilhelm Weitling, 1808~1871)은 독일의 사회주의자로 마르크스-엥겔스의 과학적 사회주의와는 달리 수공업자의 빈곤을 해결하고자 하는 공상적 사회주의의 성격이 강했다. 저서로 『협조와 자유의 보장(Garantien der Harmonie und Freiheit)』(1842)이 있다.

Education Association)'가 있었다. (몰은) 1847년 봄, 마르크스와 엥겔스를 방문하여 그 운동의 중심이 되어 줄 것을 의뢰하였다. 그리고 마르크스는 그들의 입장이 옳다고 인정하면서, 자기의 마음도 상당히 움직였기 때문에 자진해서 일정한 혁명적 목적과 수단에 의한 무산계급의 정치적 운동을 요구하였다. 동시에 공상적 사회주의자의 주장과 관련된 유토피아 건설을 비난함과 동시에 음모와 폭동 계획에 반대하였다. 이렇게 몰의 제안은 마르크스와 엥겔스의 견해와 일치했기 때문에, 1847년 여름에 런던의 '노동자교육협회' 본부에서 사회주의자 총회가 열렸다. 마르크스는 이 총회에는 참석하지 않았지만, 엥겔스는 파리의 사회주의자 대표로 출석해 치열하게 논쟁한 끝에 마르크스주의가 승리를 거두고, 그 명칭을 '공산주의동맹'으로 고치기에 이른다. 이어서 공산주의동맹의 제2회 총회가 열리고, 마르크스는 엥겔스와 함께 이 회의에 참석하였다. 여기에서 그가 발표한 의견이 다수의 찬성을 얻었기 때문에 총회는 결의되었고, 마르크스와 엥겔스에게 그들의 주의를 바탕으로 하는 하나의 선언서의 기초를 의뢰하기로 결의했다. 그래서 마르크스는 이때부터 실질적으로 이 동맹을 지배하게 된다.

이렇게 해서 19세기의 최대 사건인 『공산당 선언』이 1848년 1월에 독일어로 탈고되고, 곧장 런던의 인쇄소로 보내져, 최초의 1부가 1848년 2월 24일에 완성된다. 이날은 실로 프랑스의 2월 혁명과 함께 마르크스와 엥겔스의 이름을 불후의 것으로 만든 날이다. 이 『공산당 선언』이야말로 실로 무산계급을 향해 사상 및 행동 지침을 제공하고, 주의와 정략의 근본 원칙을 공급한 것으로, 리프크네히트(Liebknecht)[22]가 평가했듯이 마르크스와 엥겔스는 이 『(공산당) 선언』의 기초 이외에 아무 일도 하지 않았다고 하더라도 영원히 역사에 남았을 것이다. 이 1848년을 기점으로 공산주의는 유럽 전역을 풍미하는 일대 세력이 되었다. 그런데 이때 사용된 '공산주의'라는 말은 현재 우리가 사용하

---

[22] 칼 리프크네히트(Karl Liebknecht, 1871~1919)는 독일의 좌파 사회주의 운동의 지도자이다.

고 있는 공산주의라는 의미는 아니었다. 그렇다면 왜 이것을 『사회주의 선언』이라고 하지 않았을까? 그것은 분명 1847년 당시에는 '사회주의자'라는 명칭이 여러 종류의 '공상적 사회주의자'를 의미하는 말로 사용되고 있었기 때문이다. 구체적으로는 영국에서는 오웬주의자,[23] 프랑스에서는 푸리에주의자[24]를 의미하고, 지방에서는 사회적 위선을 행하는 온정주의자에 대해 사용되고 있었다. 따라서 그들이 말하는 '공산주의'는 우리가 현재 '근세 사회주의'라고 칭하는 것과 동일한 내용을 지니는 것이다. 실로 『공산당 선언』의 출현은 근세 사회주의의 출현을 의미하는 것이지 않으면 안 된다. 『공산당 선언』에서는 근세 사회주의의 논리적 기초인 유물사관이 주장되고 사회주의 정책이 명백하게 드러났다. 적어도 이 선언은 인류의 문화운동사상에 있어서 획기적인 위대한 문서이다.

『공산당 선언』은 다음과 같은 말로 시작된다.

"모든 과거의 역사는 계급투쟁의 역사다. 자유민과 노예, 귀족과 평민, 영주와 농부, 동업 조합의 장인과 직인(職人), 요컨대 압제자와 피압제자는 옛날부터 서로 반목하고, 때로는 은연중에, 때로는 공공연히 부단한 투쟁을 계속하고 있다. 그리고 항상 전체 사회의 혁명적 변혁으로, 혹은 서로 싸우고 있는 두 계급의 공도(共倒=공동몰락)로 귀결되었다. … 초기 시대의 역사를 살펴보면, 우리는 곳곳에서 사회가 다양한 자기 사람들로 구분되고, 그 사회적 지위에 다종다양한 차등이 있음을 발견할 것이다. 고대 로마에서는 귀족, 기사, 평민, 노예가 있었고, 중세에는 봉건제후, 가신, 동업 조합의 장인, 직인(職人), 농노 등이 있었고, 이들 계급의 대부분이 각각의 등급이 있었다. … 봉건적 사회의

---

[23] 로버트 오웬(Robert Owen, 1771~1858)은 영국의 사회개혁가로 이상적 공동체 건설을 실험하였다. 그는 '사회주의'라는 용어를 최초로 사용했고, 생시몽, 푸리에와 더불어 3대 공상적 사회주의자로 불린다.

[24] 프랑수아 마리 샤를 푸리에(François Marie Charles Fourier, 1772~1837)는 19세기 초 프랑스의 공상적 사회주의자이다.

붕괴에 의해 탄생한 근세의 쵸닌[25] 사회도 계급의 대립을 폐지한 것은 아니다. 그것은 요컨대 옛것 대신에 단지 새로운 계급과 새로운 압제의 수단과 새로운 투쟁의 형식을 지니는데 이르렀을 뿐이다. … 그러나 우리 시대, 즉 유산자-자본가 본위의 시대는 그 계급의 대립을 단순화하는 것을 특징으로 한다. 전체 사회는 갈수록 점점 서로 적대시하는 두 진영으로, 서로 가까이 대치하는 두 계급으로, 즉 유산자와 무산자로 분열하고 있다."

이와 같이 『공산당 선언』은 봉건제도가 어떻게 무너지고, 그것을 대신해서 근세 자본주의 제도가 어떻게 나타났는지, 그 원인을 사회의 생산력과 경제조직의 관계를 규명함으로써 밝히고 있다. 즉 근세 자본주의 제도의 기초가 된 생산수단과 교환수단은 이미 봉건제도 안에서 찾아볼 수 있다는 것이다. 이 생산수단과 교환수단이 일정한 단계에 이르면, 그 당시의 봉건제도의 경제조직으로는 그 생산력에 적응하는 것이 불가능하게 된다. 이와 같은 생산력과 생산조직의 부조화가 실로 근세 자본주의를 낳게 된 것이다. 이렇게 해서 자유경쟁의 자본주의는 봉건제도와 싸워 승리를 거두었다. 그러나 자본주의도 역사적 발전의 한 과정이다. 따라서 자본주의 제도의 생산력이 증대하면 증대할수록 그 제도는 위험에 빠지지 않을 수 없다. 그래서 자본주의 제도는 투쟁적 성질의 결과로, 사회계급을 단순화해 버렸다. 바로 유산계급과 무산계급이 그것인데, 무산계급은 자본주의를 대체해야 하는 하나의 주동력임이 확인되었다.

『공산당 선언』은 대체로 이러한 견지에서 쓰였는데, 그 근저의 원리가 되는 것은 첫째는 유물사관이고, 둘째는 계급투쟁설이다. 그리고 이 선언은 그 유명한 "만국의 노동자여, 단결하라! 단결에 의해 너희가 잃을 것은 오로지 쇠사슬이고 얻을 것은 전 세계이다."라는 긴장감 넘치는 몇 마디로 끝나고 있다.

[25] 쵸닌(町人)은 일본의 에도시대에 도시에 거주하던 장인과 상인을 말한다.

이렇게 해서 『공산당 선언』은 2월 혁명에 앞서 공표되었다. 그중 어느 부분이 마르크스가 쓴 것인지, 어느 부분이 엥겔스가 쓴 것인지는 전혀 알 수 없다. 그리고 그것을 밝히는 것은 그들에게 있어서는 전혀 불필요한 일이었다. 왜냐하면 마르크스의 심장은 엥겔스를 의미하고, 엥겔스의 두뇌는 마르크스의 두뇌를 의미하기 때문이다. 그들은 긍정적인 의미에서 완전한 일심동체였다.

2월 혁명은 전후 180년 동안 완전히 정지 상태에 있던 혁명의 분화구를 다시 살렸다. 이때 『공산당 선언』이 심히 유력한 혁명당의 무기가 된 것은 새삼두 말할 필요도 없다. 그리고 이 어수선한 분위기 속에서 마르크스와 엥겔스를 요구하는 소리에는 매우 절실한 것이 있었다. 혁명의 여파는 곳곳에서 흩날렸다. 브뤼셀(Brussels)에도 이 영향은 매우 심각해져서 격렬한 시위 운동이 일어나기 시작했다. 이곳에서 벨기에 정부는 허둥지둥 당황하여 곧장 마르크스를 체포하고 해외로 추방했다. 그래서 그는 급하게 파리로 가서 혁명을 돕고 있었는데, 얼마 지나지 않아 독일에서 온 혁명 소식을 접하고 허둥지둥 쾰른으로 돌아 왔다. 고국에 돌아오려는 그의 가슴 속에는 《신(新)라인신문(Die Neue Rheinische Zeitung)》 발간 계획이 꿈틀거리고 있었다. 그리고 귀국한 뒤 얼마 안 있어 《신라인신문》이 발행되었다. 편집위원 중에는 그의 한쪽 가슴인 엥겔스를 비롯하여 인재들이 구름처럼 몰려들었다. 당시 독일 신문사 중에서 이처럼 인재가 모여 있는 곳은 없었다고 전해지는 것을 보아도, 이들의 기세가 어떠했는지를 추측하기는 어렵지 않다. 시간이 지남에 따라 그 명성은 점점 높아져 갔다.

1848년 11월, 프로이센에서 쿠데타가 일어나자 《라인신문》은 매호 그 권두에 납세를 거절해야 한다는 주장을 하였고, 폭력에 대해서는 폭력으로 맞서야 한다고 인민을 선동했다. 이로 인해 수차례 기소되었고, 라인의 여러 주(州)들에서 5월 혁명이 진압된 후에 결국에는 정부의 무력에 의해 발행이 금지되기에 이르렀다. 이 신문의 첫 번째 간행은 1848년 6월 1일이고, 마지막 간행은 1849년 5월 19일이었다. 겨우 1년 만에 수명이 다한 것이다. 이 신문의 마지막 호는 전부 붉은 글씨로 인쇄되었고, 권두에는 "투쟁에 의해서가 아니라 함정에 의해서 쓰러졌다."고 주창한 혁명 시인의 시를 실어, 두고두고 여운을 남겼다.

　마르크스와 엥겔스 이전의 사회주의자는 계급투쟁의 의미를 해석하지 않았다. 두말할 필요 없이 이 투쟁은 정치적이다. 그리고 그 목적은 노동계급의 이익, 행복을 위해 정권을 획득하는 데 있다. 당시의 사회주의자는 계급투쟁을 인정하지 않고, 모든 정치운동을 금지했으며, 단지 프로파간다, 오브 제 디도[26]에 의해서만 자신들의 이상이 실현된다고 믿고 있었다. 두말할 필요 없이 이 사회주의자들은 대단히 온건하여, 노동계급과 자본계급 사이에 가로 놓인 투쟁에 대해서, 단지 그 참화만을 볼 뿐 그 발생 원인과 역사적 진화 과정은 알지 못했다. 그리고 그들이 이상으로 삼는 바는, 이러한 지위에 있는 자본가를 채찍질하여 각성시키고, 그렇게 해서 스스로 참화를 없애도록 하는 데 있었다. 이런 사상에 대해서 마르크스와 엥겔스가 거둔 커다란 공적이라고 할 수 있는 것은 이론상의 사회주의와 실제에 있어서의 정치상의 노동운동의 연결과 결합을 도모한 점이다. 카우츠키(Kautsky)[27]의 말에 따르면, "그들은 신(新) 사회 실현을 위해 노동계급의 투쟁력을 이용하고 선도하려 하였다. 인도주의자의 호의 대신에 노동계급의 이해 체재(體裁)를 가지고 하였다. 그들은 새로운 생산을 하려 할 때에는 결코 개인적 조합에 의해서는 안 되고, 반드시 현재의 문명국에서의 생산기관과 노동조직을 갖지 않으면 안 된다고 천명하였다."

　이와 같이 그들의 사상운동의 가장 극단적인 표현은 『공산당 선언』에 있었던 것이다.

---

[26] 원문은 'オブ・ゼ・ディード'인데, 원문을 알 수 없다.

[27] 카를 요한 카우츠키(Karl Johann Kautsky, 1854~1938)는 체코계 오스트리아인으로 독일에서 주로 활동한 철학자, 언론인, 마르크스주의 이론가다.

【3. 『자본론』 제1권까지】

《신라인신문》의 발행 금지와 함께 마르크스는 국외추방 명령을 받았다. 그래서 그는 빈곤한 살림을 정리하고 사랑하는 부인 예니와 함께 파리로 갔다. 엥겔스는 파리에는 가지 않고 바와리야의 팔라티나테[28]로 갔다. 당시의 팔라티나테는 무서운 혁명의 불꽃이 뒤덮고 있었다. 엥겔스는 이곳에서 자진해서 의용군에 입대하여 용감하게 싸웠다. 마르크스는 1개월 정도 파리에 있었는데, 서글픈 추방자의 신세로는 이곳도 결코 안전한 휴식의 땅은 아니었다. 그래서 다시 런던으로 가지 않으면 안 되었다. 그의 런던 생활은 곤궁한 생활의 절정을 의미하는 것으로, 끊임없이 직업을 찾고 있었지만 어디에 가도 일가(一家)의 생활을 뒷받침할 만한 일은 찾지 못했다. 때때로 잡지와 신문의 원고를 써보았지만, 결코 변변한 액수는 되지 못했다. 게다가 공산주의자들 사이에서는 대단히 격렬한 투쟁이 일어나고 있었다.

즉 1848년부터 1849년에 이르는 혁명의 실패 후에, 대륙의 노동계급은 짧은 시간 동안에 그들이 획득하고 있던 언론의 자유와 단결의 권리를 동시에 상실하였다. 이곳에서 공산주의 운동은 필연적으로 다시 비밀결사 운동이 되지 않을 수 없게 되었다. 따라서 공산주의자들 사이에도 비밀결사에 찬성하는 자와 찬성하지 않는 자의 구별이 생기게 되었다. 따라서 그 반대자들 사이에서 마르크스에 대한 비난도 일어나게 되었다. 그로부터 수년 동안은 마르크스의 곤궁한 생활이 계속되었다. 그의 명저 『경제학비판』은 이와 같은 곤궁한 생활 속에서 탄생한 것이다. 그리고 이 무렵부터 『자본론』 제1권을 쓰기 시작하였다.

1866년, 마르크스의 곤궁은 절정에 달했다. 그 곤궁 속에서 『자본론』의 집

---

[28] 엥겔스가 갔던 팔라티나테(Palatinate)는 현재 독일 서남부 카이저스라우타른(Kaiserslautern) 근방의 지역으로 '팔츠(Pfalz)'로 불린다. 1849년 이 지역에서 일어난 봉기를 '바덴-팔라티나테 봉기'라고 부른다.

필에 온 힘을 쏟았고, 마침내 1867년 1월에 그 대작업을 마무리했다. 그리고 곧장 출판을 위해 독일로 여행을 떠났다. 같은 해 6월이 조금 지난 무렵부터 마침내 『자본론』의 교정을 시작하였다. 마르크스는 교정을 하는 과정에서 한 글자 한 구절도 소홀히 하지 않기 위해, 쇠약한 몸을 이끌고 맨체스터에까지 엥겔스의 조언을 구하러 다녔다.

　　1868년 초에는 마르크스의 건강이 완전히 악화되었다. 이렇게 지옥과 같은 고통 속에서 이 사회주의학의 대경전이 탄생한 것이다. 1868년 10월, 마르크스는 상트페테르부르크(Saint Petersburg)의 서점에서 『자본론』의 러시아 번역이 나왔다는 소식을 접하고 대단히 기뻐했다.

【4. 만국노동자동맹】

그 사이에 유명한 '노동자동맹'이 성립되고 있었다. 이 운동은 어떤 의미에서는 이전의 '공산당동맹'의 규모가 커진 것이라고도 볼 수 있다. 이 동맹의 위원회는 독일인 10명, 프랑스인 9명, 이탈리아인 6명, 폴란드인 2명, 스위스인 2명, 그리고 영국인 21명으로 이루어져 있었다. 영국이 가장 많은 수를 점한 것은 당초에 영국에 본부를 두자는 제안이 있었고, 노동조합운동이 영국에서 가장 유력하게 발달했기 때문이었다.

　　이렇게 제1회 총무평의원회(總務評議員會)가 있고 나서 1주일 뒤에 제2회 총무평의원회를 열었는데, 이 회의에서 향후 7년 동안 각 나라의 권력 계급을 전율케 한 '만국노동자동맹'이라는 명칭이 처음으로 만들어졌다. 이어서 평의원회는 선언문 및 규약의 기초를 위해 소위원회를 열었는데, 그 결과 마르크스와 이탈리아의 월프와 프랑스의 루 루베이와 영국의 크레마아[29]가 당선되었

---

[29]　월프(ウォルフ), 루 루베이(ル・ルベイ), 크레마아(クレマア)가 누구인지는 확인할 길이 없다.

141

다. 그리고 이 선언문 초안을 둘러싼 문제가 '만국노동자동맹' 사이에서 일찍부터 세력 다툼의 단서를 제공했다. 그 사이에 갖가지 복잡한 다툼이 있었는데, 결국 마르크스의 초안이 받아들여지게 되었다.

마르크스의 「발회선언(發會宣言)」은 1845년 이후의 사회 상태에 대한 비판을 붓으로 옮긴 것으로, 그 대강은 다음과 같다.

1845년 이래로 부(富)는 놀랄 만큼 증가하고 식민지는 열렸으며, 새로운 발견과 발명은 두드러지고 자유무역은 실시되었지만, 생활의 비참함은 덜어지기는커녕 점점 커지고 있다. 아니 이 증가된 부(富)는 오히려 이전보다도 더 적은 사람들의 배를 불리고, 계급과 계급의 반목은 점점 현저해졌다. 만약에 이런 기조로 진행된다면 혁명은 마침내 도래할 것이 틀림없다. 이러한 일면에는 구 질서가 마지막에 가까워짐과 동시에 새 질서도 어느 정도 진보했다. 다른 한편으로는 협동생산조합의 경험에 의해 노동자는 고용계급(傭者階級)의 힘을 기다리지 않고도 산업을 경영할 수 있음이 충분히 밝혀지게 되었다. 그리고 이런 사실은 노예제도가 농노제도와 마찬가지로, 임은노동(賃銀勞動)[30]도 과도기적 형식으로, 마침내는 자유노동의 조합으로 대체되어야 함을 보여준다. … 그래서 '만국노동자동맹'은 이런 희망과 협동적 노동의 촉진을 목적으로 하였다. 그리고 그것은 단편적이고 즉흥적이 아니라 국가 기관에 의해, 국민적 규모로 체계적으로 촉진되는 것을 목적으로 한다. 따라서 노동자는 정권을 획득하고, 국가의 힘에 의해 사회적으로 필요한 생산기관을 점유하지 않으면 안 된다. 정권을 획득하기 위해서는 노동자가 먼저 단결하지 않으면 안 된다. 그들은 유일한 힘의 요소를 지니고 있다. 즉 숫자라는 힘의 요소를 지니고 있다. 오직 그것의 성공은 '만국노동자동맹'이 목적으로 하는 일치단결에 의해야 한다. 노동자는 국제정책에 주의를 기울이고, 각자 정부의 외교를 감시하며, 개인적

[30] 임은노동은 노동력을 자본가에게 제공하고 그 대가로 임금을 받는 노동 형태를 말한다.

관계에서도 국제적 관계에서도 도덕이라는 단순한 법칙을 지지하지 않으면 안 된다.

이 「발회선언」과 규약서는 1866년 제네바에서 열린 제1회 대회에서 마침내 정식으로 승인되었는데, 그때에 이미 임시 규약서가 여러 나라 언어로 번역되어 있었다.

이 해 12월에 총무평의원은 에이브러햄 링컨(Abraham Lincoln) 앞으로 대통령 재임(再任) 축하장을 보냈다. 이 축하장은 마르크스가 쓴 것으로, 마르크스가 얼마나 링컨에게 경의를 표하고 있었는지를 알 수 있다.

그 후 만국노동자동맹은 수뇌부의 세력 다툼과 구성원의 이합집산을 거치면서 발전해 나갔다. 1866년에는 제네바에서 제1회 대회가 열리고, 이어서 제2회, 제3회 대회가 브뤼셀 및 바젤 등에서 열렸다. 바쿠닌과 마르크스의 맹렬한 다툼이 일어난 것은 이때의 일이다. 그러나 이 동맹도 보불전쟁(普佛戰爭)[31]의 영향으로 대단한 타격을 입는다.

그러나 이 전쟁도 얼마 지나지 않아 끝나고, 1871년 1월 베르사유에서 강화조약이 성립하고,[32] 프로이센의 국기가 파리의 시가지를 위협했다. 이 조약에 의해 프랑스는 거액의 상금과 알자스 로렌(Alsace-Lorraine) 지역을 잃지 않으면 안 되었다. 이때 국민의회가 권한을 남용해 파리에 있는 공화주의 신문을 모두 금지하고 수도를 베르사유로 옮긴다고 하는 결의를 통과시켰기 때문에, 쥘(Jules) 정부[33]에 대한 반감은 극도에 달하고, 파리의 자치와 독립을 외치는 목소리는 마른 벌판에 불붙듯이 일어났다. 그리고 쥘 정부에 대해 타오르

---

[31] 보불전쟁(普佛戰爭)은 1870년 7월 19일부터 1871년 5월 10일까지 벌어졌던 '프로이센-프랑스 전쟁'으로, 통일 독일을 이룩하려는 프로이센과 이를 저지하려는 프랑스 사이에 벌어진 전쟁이다.

[32] 베르사유 조약(Treaty of Versailles)은 1918년 11월 11일 이래로 정전 상태에 있던 제1차 세계대전을 종결시키기 위해 독일과 연합국 사이에 맺어진 평화협정이다.

[33] 보불전쟁의 패배로 나폴레옹 3세의 제정이 무너진 이후 쥘 페리(Jules François Camille Ferry, 1832~1893)는 공화정부 수립에 참여했고, 두 차례 총리를 역임했다. 초등교육에서 비종교, 의무, 무상 교육 등 현대 교육제도를 수립했다.

기 시작한 불은 마침내 '파리코뮌'으로 드러났다.

이 파리코뮌은 반드시 사회주의 혁명인 것만은 아니고, 개괄적으로 말하면 "왕정주의 국가에 대한 공화주의 도시의 반격"이다. 그중에는 물론 프로이센과의 강화조약을 불만으로 여기고, 프랑스의 군사적 명예 회복을 도모하려는 애국주의자도 있는가 하면, 왕당(王黨)의 반동주의에 대해서 공화제를 유지하고자 하는 상공계급의 공화주의자도 있는데, 그중에서 중심세력이 된 것이 사회주의자였음은 두말할 필요도 없다. 그리고 이 사회주의자들의 대다수가 대개 만국노동자동맹의 전 구성원임과 동시에 이 동맹의 파리 지부가 중요한 활동을 한 점을 생각해 보면, 이 운동이 만국노동자동맹의 획책에서 나온 것이라는 말도 결코 황당무계한 것은 아니다. 그리고 마르크스도 이 코뮌운동에 간접적인 원조를 하였다.

파리코뮌은 중앙정부 폐지, 자유도시 연립, 개인의 절대 자유, 배상에 의한 자본의 몰수, 토지 및 자본을 노동단체들에게 분배하는 것 등을 중요한 정강(政綱)으로 발표했는데, 원래부터 운동의 중심이 항상 동요하고 있었고 지방 농촌과의 연락도 없었기 때문에, 파리는 완전히 고립상태에 빠지고, 5월 22일에 베르사유 정부 군대에 의해 코뮌은 몰락에 이르지 않을 수 없었다.

코뮌이 몰락하자 천하의 비난은 모두 만국노동자동맹으로 향했다. 그러자 총무평의회는 마르크스가 쓴 선언문을 발표하고 변명을 했는데, 이에 대해 영국의 신문은 "반역자의 간행물"이라며 맹렬히 공격하고, 서명자를 처벌하라고 정부를 압박했다.

이렇게 온갖 냉소와 조롱이 외부로부터 만국노동자동맹에 쏟아지고 있을 때, 내부에서는 마르크스 대 바쿠닌의 다툼이 점점 치열해져 갔다. 그런 와중에 영국의 노동조합이 만국노동자동맹으로부터 떨어져 나가거나 바쿠닌이 독자적인 운동을 개시했기 때문에, 만국노동자동맹은 점점 존재감이 희미해져 갔다. 만국노동자동맹은 헤이그 대회를 끝으로 사실상 소멸되었다. 이 대회에서는 마르크스파와 바쿠닌파가 최후의 결전을 벌인 끝에 멋지게 마르크스파의 승리로 끝났지만, 실질적으로는 만국노동자동맹의 최후를 장식하는 것이었다. 그 후 1877년 9월에 마르크스파와 바쿠닌파의 조화를 목적으로 벨기에의 겐트(Ghent)에서 만국사회주의자대회가 열렸지만, 이때 바쿠닌은 이미 세상을 떠났고, 그 대신 표트르 크로포트킨(Kropotkin, 1842~1921)이 런던에서 와서 쥬라연합(Jura Federation)에 몸을 던지고 있었다. 그리고 그는 용감하게 독일파 사회주의자와 대항하였다. 그 결과 두 파의 조정은 완전히 깨졌지만, 그것을 계기로 새로운 만국사회주의동맹이 건설되었다.

1881년 12월 3일, 마르크스의 애처(愛妻) 예니가 세상을 떠났다. 예니의 죽음은 마르크스로 하여금 세상을 사는 희망의 대부분을 상실하게 했다. 슬픔과 빈곤 사이에서 마르크스는 『자본론』의 제2권 정리에 전력을 기울였지만, 결국 1883년 3월 14일에 이 위대한 사회운동가도 세상을 떠나고 말았다.

【5. 유물사관과 계급투쟁설】

이른바 마르크스 학설의 중심을 이루는 사상은 유물사관설과 계급투쟁설이다. 어느 면에서 보면 마르크스의 사회주의 학설은 유물사관설의 응용이라고 보아야 한다. 바꿔 말하면 유물사관설은 마르크스에 의해 집대성되었다고 할 수 있다.

같은 사회주의자들 사이에서도 유물사관을 역사상의 어느 시대, 혹은 어느 사건에 응용할 경우, 그 방법에 대해서 대단히 위화감을 갖고 있다. 경제적 조건이 사회진화 과정에서 작동하는 작용을 논한 유물사관설을 많은 비평가들은 마르크스 최대의 공적으로 간주하고 있다. 그리고 이 역사적 여정, 즉 사회적 진화를 실제로 발전시키는 동력은 두 말할 필요 없이 계급투쟁설이다.

그러나 계급투쟁설은 결코 마르크스의 독창이 아니다. 이 사실에 대해서는 마르크스에 앞서 영국과 프랑스의 많은 학자들이 입증하고 주장했다. 그렇다면 마르크스의 계급투쟁설의 특징은 어디에 있는가? 한마디로 하면 역사를 일관해서 흐르고 있는 계급투쟁은 경제적 조건의 필연적 결과였다는 견해이다. 즉 A 계급의 지배를 대신해서 B 계급의 지배가 수립되는 것은 단순히 정의(正義) 공도(公道)에 대한 간악한 음모라는 주장을 배제하고, 이 계급들을 모두 경제적 조건의 필연적 결과로 보고, 그것의 흥망성쇠는 사회진화 과정에서 피해갈 수 없는 사건이라고 본다. 그리고 새로운 계급에서 좀 더 새로운 계급을 향해 나아가는 것은 필연적이다.

이러한 견해는 마르크스 이전의 공상적 사회주의자의 학설과는 엄연히 구별되는 것으로, 『공산당 선언』이 자본가 계급과 노동자 계급 사이의 계급투쟁 사실을 역설하고, 이들 계급 간의 투쟁이 현재의 생산 상태의 필연적 결과이자 장래를 향한 사회적 진화의 필연적 과정이라고 보는 점도 대단히 중요하다고 말하지 않으면 안 된다. 생각해 보면 계급투쟁의 최후의 대상이 되는 것은 경제적 이익이다. 즉 지배계급은 노예계급으로 하여금 그 잉여생산을 교부하게 한다. 그런데 임은제도(賃銀制度)가 행해지는 곳에서는, 노동자는 자신의 노동력을 시장에 판다. 만약 이때에도 자본가의 착취가 행해지고 있다면, 그것은 어떤 과정에서 행해지는 것인가? 여기에서 현재의 사회 상태 및 그 내부에서 행해지는 계급 간의 투쟁을 이해하기 위해서는 이 숨겨진 착취의 형식을 천명하지 않으면 안 된다. 이 천명이야말로 실은 마르크스의 『자본론』에서 시도한 작업이다.

마르크스는 『자본론』에서 잉여가치가 근대 자본주의의 생명임을 논증함과 동시에 잉여가치는 동시에 자본주의적 사회에 내재하는 모든 계급투쟁의 원인임을 밝혔다. 바꿔 말하면 마르크스학은 세 개의 연관된 학설로 이루어져 있다. 첫째는 유물사관설, 둘째는 사회진화의 역사적 과정에서의 계급투쟁의 기능, 셋째는 현재 사회에 존재하는 계급투쟁의 설명으로, 사회적 변화의 원인을 규명하는 잉여가치설이다.

【6. 마르크스 학설 비판】

마르크스 학설에 대한 비판은 해를 거듭할수록 왕성하게 일어나고 있다. 50년 전에 마르크스가 그 위대한 사상 체계의 기초를 만들었던 때부터 오늘에 이르기까지, 학계에서는 그것에 대한 찬반양론이 일고 있다. 이러한 사실은 두 말할 것 없이, 마르크스 학설이 얼마나 사람들의 마음에 커다란 영향을 끼쳤는지를 말해주는 것이리라.

마르크스 비판에 대해 대서특필하지 않으면 안 되는 것은 최근에 마르크스를 비판하는 사람들 중 대다수가 마르크스 학설을 찬반이 확정되지 않은 이론으로 취급하지 않고, 이미 공인된 이론으로 대우하고 있다는 것이다. 즉 그들은 이 공인 이론의 전부, 혹은 일부가 잘못된 것임을 증명하려 한다. 따라서 그들은 이 이론을 수정하고 보완하고 혹은 다른 이론으로 대체하려 한다. 그럼에도 불구하고 마르크스 학설에 정복된 여러 이론들을 공공연하게 변호하려는 자가 없다는 것은 마르크스 학설의 근거가 탄탄하여 뿌리 뽑을 수 없음을 말해주는 명백한 증거이다.

근대에 마르크스 비판 가운데 가장 중요한 것은 마르크스 학설의 전부를 비과학적이라고 배척하는 주장으로, 우리가 보는 바에 의하면 이 주장 때문에 마르크스 학설은 오히려 그 지위를 견고하고 안정되게 하였고, 이 주장에 의해서 우리는 현재 마르크스 학설에 대항할 수 있는 어떠한 이론도 존재하지 않는다는 사실을 아는 것이다.

즉 마르크스 학설은 그것이 다루는 문제의 범위 내에서는 유일한 과학적 이론으로, 이 문제에 대한 모든 과학적 지식을 동시에 파괴하지 않고서는 마르크스 학설도 파괴할 수 없다. 그리고 이러한 견지에서 마르크스 학설을 부정하려는 학설은 반드시 허무주의가 되지 않을 수 없다. 그러나 이러한 허무주의는 단순히 마르크스 학설을 철두철미하게 파괴하려는 사람들로 한정되지는 않는다. 그런 경향은 마르크스 학설을 수정하는 차원에 머물러 있는 수

많은 비판자들 사이에서도 발견할 수 있다.

　이와 같은 허무주의적 경향은 모든 마르크스 비판자들에게 동일한 정도로 나타나는 것은 아니지만, 마르크스 학설의 어느 한 국면만을 비판하는 사람들을 제외하고는, 어떤 경우에도 반드시 다소의 의식적인 기저를 이루고 있다.

　마르크스 학설의 한 국면만을 비판하는 학자는 마르크스 학설을 하나의 완전한 조직으로 취급하지 않고, 그것을 파괴한 후에 생기는 공허를 채우지도 못하고, 그 공허한 존재의 이유를 밝히려고도 하지 않고, 항상 득의양양하게 그 비판만을 향유하고 있다. 다른 한편으로 마르크스 학설을 전(全) 조직으로 비판하는 학자는 아무래도 이 공허를 없애지 못하게 된다. 그래서 그들은 마르크스 학설을 파괴한 후에 그것을 대신할 수 있는 다른 조직을 찾지 않으면 안 된다. 여기에서 그들은 필연적으로 허무적 경향에 빠지지 않을 수 없게 된다. 이것을 다른 측면에서 바라보면, 마르크스 학설이 과학인가 아닌가 하는 문제는 곧장 사회과학이 존재하는가 아닌가 하는 문제로 전환됨을 알 수 있다. 이에 대해서는 이 글의 서두에서 소개한 파울 바이젠그륀 박사의 "마르크스 학설의 위기는 사회과학 전체의 위기를 의미한다"는 말이 가장 명료하게 답하고 있다.

　적어도 이와 같은 경향을 띠는 지금의 비평가들에게 답하려고 할 때에, 그 이상의 적당한 말을 발견하기는 어렵다. 이에 대해서 루이스 부딘은 다음과 같이 말하고 있다.

　마르크스 학설의 본질에 관한 견해에 있어서도 그들은 종종 일치를 결여하고 있다. 그들은 실로 제각각 자신에게 유리한 마르크스 학설을 조직한다. 게다가 수준 낮은 비평가의 경우에는 오히려 간악한 수단조차 취하고 있다. 즉 그들의 마르크스 학설은 요컨대 그들의 마르크스 학설이지 결코 마르크스와 그 제자들의 마르크스 학설은 아니다. 요컨대 마르크스 비판가 중에서 특히 표본적인 한 사람을 고르는 것은 결코 타당하지 않다. 아니 타당하지 않을 뿐만 아니라 완전히 불가능하다. 어느 마르크스 비판가가 말한 것처럼, 마르크스 학설은 명확하게 한정된 하나의 사상 조직으로, 모든 마르크스 학도는 그것을 고집하고 있다. 그런데 마르크스 반대론자에게는 일정한 학파라는 것이 없다. 즉 그들은 어떤 특정한 사상 조직을 고수하지 않는다. 따라서 그것을 일괄적으로 다루는 것은 불가능하다. 그들에게 답하기 위해서는 그 각각을 따로 따로 심문해 나가지 않으면 안 된다.

1894년의 『자본론』 제3권 발행은 당연히 마르크스 비판의 부활을 가져왔다. 그러나 그 부활은 결코 일반적인 것은 아니었다. 그리고 『자본론』 제3권에 이어서 나온 마르크스 비판 중에는 이거라고 할 정도로 중요한 것은 없었다. 그 중에 유일하게 뵘-바베르크(Böhm-Bawerk)[34]의 『마르크스 체계의 종결』[35]이 있는데, 이것은 그 주제를 다루는 방법에 있어서는 오히려 이전 그룹의 마르크스 비판에 속하는 것이다. 이 책은 주로 마르크스 경제학설을 다루고 있는데, 그 후 1896년에 스탐라아[36] 교수의 유물사관에 관한 중요한 저작이 나왔다.

그러나 마르크스 반대의 최선봉은 1897년에 베른슈타인(Bernstein)[37]이 독일의 마르크스 학파 연구 기관지인 《새로운 시대(Die Neue Zeit)》에 게재한 논문이다. 「사회주의의 문제들」로, 실로 수정설의 첫 걸음이었다. 그리고 이 논문은 당시의 독일 논단을 매우 떠들썩하게 하였다. 이 논문이 은연중에 독일 논단에서 중시된 근본적인 원인은 주로 베른슈타인의 개인적인 지위에 있었다. 베른슈타인은 과거에 독일사회당의 기관 신문이었던 《사회민주주의자

[34] 오이겐 폰 뵘-바베르크(Eugen von Böhm-Bawerk, 1851~1914)는 오스트리아의 정치가이자 경제학자로 빈 대학 교수를 지냈으며, 세 차례에 걸쳐 재무상을 역임했다.

[35] 원제는 "Zum Abschluss des Marxschen Systems"이고, 1896년에 나왔다. 영어 번역서의 제목은 "Karl Marx and the Close of His System"이다. 일본어 번역본으로는 竹原八郎譯, 『マルクス學説体系の終焉』(日本評論社, 1931)과 木本幸造譯, 『マルクス体系の終結』(未來社, 1969)이 있다.

[36] '스탐라아(スタムラア)'는 『세계개조 10대 사상가』 240-241쪽에도 나오고 있는데, 누구인지 확인할 길이 없다.

[37] 에두아르트 베른슈타인(Eduard Bernstein, 1850~1932)은 독일 사회민주당의 당원으로 사회민주주의 이론의 창시자이다.

(Sozialdemokrat)》의 주필이었다. 그는 오랫동안 엥겔스와 교류하면서, 사회주의 운동을 위해 함께 공헌했다. 따라서 그는 사회주의자로부터도, 또 비(非)사회주의자로부터도 모두 과학적 사회주의의 대표 인물로 간주되고 있었다. 이러한 사회적 지위를 지니는 베른슈타인의 학설이 논단을 떠들썩하게 한 데에는 실로 이유가 있었다고 보아야 한다.

이렇게 해서 종래의 마르크스 반대론자들이 모여들고, 이 수정설이라는 성벽 안에 가득 찼다. 부딘의 말을 빌리면 그들은 과거의 녹슨 무기를 버리고 수정설이라는 새로운 무기를 손에 넣었다. 최근의 마르크스 반대론은 모두 이 수정설의 색채를 띠고 있었다.

이들 마르크스 비판자들은 주제에 따라 분류하면 대체로 세 부류로 나눌 수 있다. 첫 번째는 철학자로 주로 마르크스 철학 체계를 논의의 중심으로 삼는다. 두 번째는 경제학자로 마르크스 경제학설을 논의의 중심으로 삼는다. 세 번째는 사회학자로 주로 자본가 사회의 발달 및 그 이법에 관한 마르크스 학설을 논의의 중심으로 삼는다. 이상은 모두 편의상의 구별로 실제로는 이와 같이 명료하게 구획되어 있는 것은 아니다. 일례를 들면, 베른슈타인은 한 사람이 이 세 방면의 비판을 모두 하고 있다.

생각해 보면 마르크스 학설은 하나의 혼연한 사상 체계를 이루는 것으로, 그 철학적, 경제학적, 혹은 사회학적 측면은 실질적으로, 또 논리적으로 대단히 밀접한 관계를 갖고 있다. 그 이론 체계의 대강은 대체로 다음과 같이 요약될 수 있다.

사람이 사회적으로 의식주를 생산할 때, 필연적으로 자신의 의지로부터 독립된 관계를 만들어 내는 법이다. 그리고 그 관계는 그 사회에서의 물질적 생산력의 발달 과정에 상응하는 생산관계다. 그리하여 이 생산관계의 총화가 저절로 사회의 경제적 구조를 이루는 것으로, 여기에서 법률적 자각이 생기는 것이다. 이 의식주의 산출 방법이 사회적, 혹은 정치적 및 정신적인 모든 생활상의 과정을 결정하는 것이다. 그런데 사회의 물질적 생산력은 그것이 발달하는 단계에서 현재의 생산관계와 모순되고 어긋나는 사정을 낳는다. 이것을 법률적으로 말하면, 종래에 이 생산력을 활동시킨 재산 관계와 모순되게 된다. 즉 이 재산 관계가 생산력의 발달 형식에서 일변해서 장해물이 되어 나타난다. 그리고 사회의 경제적 기초가 변하면 저절로 그 거대한 상부구조의 전부도 혁명되어야 하는 운명을 갖지 않으면 안 된다. 지금 이들의 혁명을 고찰할 경우에, 경제적 생산조건에 있어서의 과학적으로 진실의 입증을 할 수 있는 물질적 혁명과, 인간이 이 모순을 의식하여 그것으로부터 벗어나려 하는 데에서 생기는, 법률적, 정치적, 종교적, 예술적 및 철학적, 즉 정신적 혁명을 항상 구별할 필요가 있다. 우리가 어느 개인을 비판할 때에 결코 대부분의 경우에는 그 사람 스스로 생각하는 것에 의거하지 않는 것과 마찬가지 의미에서, 우리가 이와 같은 혁명 시대를 비판할 때에도 대부분의 경우에 결코 그 시대 의식에 의거하지 못한다. 우리는 오히려 그 물질적 생활의 모순 속에서, 즉 사회적 생산력과 생산관계 사이에 존재하는 모순에 의해서 그것을 설명하지 않으면 안 된다. 어떤 사회 형태는 그 내부에 포함되는 모든 생산력이 발달한 이후가 아니면 결코 소멸하는 것은 아니다. 그리고 한 걸음 더 나아간 새로운 생산관계가 출현하기까지는 그것이 존재해야 하는 물질적 조건이 이미 구(舊) 사회의 날개 아래에서 부화되어 있지 않으면 안 된다. 따라서 인간은 항상 해결할 수 있는 문제만을 출제하는 것이다. 이것을 더 한층 정밀하게 고찰하면, 대체로 문제가 되는 것은 반드시 그것을 해결해야 하는 물질적 조건이 이미 존재하든가, 아니면 적어도 (그것이) 발생하고 있는 곳에서만 생긴다는 사실을 알 수 있다. 우리는 아시아 여러 나라, 상고 시대의 나라들, 봉건시대 및 근세 자본가 시대의 각각의 생산 방법을 사회의 경제적 진화의 순차적 대별(大別)로 삼을 수 있다. 그래서 오늘날의 자본가적 생산관계는 사회적 생산과정에서의 모순 충돌의 마지막 형식을 이루는 것이다. 그리고 그 충돌은 개인적 충돌의 의미가 아니라, 실로 각 개인의 사회적 생활조건에서 생기는 충돌이다. 그러나 이와 같은 자본가적 사회의 내부에 발달한 생산력은 동시에 이 충돌을 해결할 수 있는 물질적 조건을 성취한다.

어찌되었든지 간에 마르크스 학설은 지금은 엄연한 사회주의학의 경전이 되어 있다. 그래서 사회주의를 비난하는 자는 마르크스 학설을 비난하지 않으면 안 된다. 그리고 마르크스 학설을 떠나서 사회주의를 이해하는 것은 절대 불가능하다. (다음 호에 계속)

김정현
◈ 니체의 몸철학을 공부했고, 니체의 철학을 생명과 치유의 관점에서 조명하는 철학적 작업을 했다 ◈ 인간을 심층적으로 이해하는 '무의식의 철학'과 인간의 소통 및 표현의 학으로서 '몸철학'에 관심을 가지고 있다 ◈ 철학상담치료와 연관된 학문적 작업을 하며 그 이론적 뿌리를 찾아 《철학과 마음의 치유》라는 책을 썼다 ◈ 현재는 19세기말에서 20세기 초 러시아, 일본, 중국, 식민지 조선/한국 등 동북아에 니체사상이 수용되고 영향을 미치는 정신사적 지평, 즉 지성사적 지형도를 찾는 작업을 하고 있고, 더 나아가 니체를 중심으로 20세기 한국정신사를 발굴하는 작업도 하고 있다 ◈ 몸, 페미니즘, 생명, 생태문명, 치유, 철학상담, 문화, 예술, 한국정신사, 포스트휴먼 등 다양한 학문적 키워드로 철학적 관심을 숙성시키며 저술 활동을 하고 있다

급격히 향상되는 조선 청년의 사상계, 축하할 만한 조선 청년의 지식열

현대어역 **박은미**

박달성

『개벽』 제2호, 1920.07.25

무사(無邪)한 태양은 서역 하늘에도 빛을 비추며 동방(우리나라)에도 빛을 비추도다. 지공한(至公:지극히 공정하여 사사로움이 없는) 천제(天帝-하느님)는 강자에게도 생명을 주며 약자에게도 생명을 주도다. 과연 깊이 가라앉았던 조선 강산에도 새로운 빛이 찬란해지며, 과연 오랫동안 막혀 있던 조선 민족에게도 신(新)-생명이 내려왔도다. 자기를 찾으며 생을 부르짖는 소리가 온 들녘에 높았도다. 주먹을 불끈 쥐며 다리를 쾅쾅 구르도다. 눈을 번쩍 뜨며 입을 잔뜩 벌렸도다. 천하라도 잡아 삼킬 듯이 지구 덩이를 번쩍 들어 어깨에 멜 듯이 아주 씩씩하게, 그의 기세는 굳세며 그의 담력은 크도다. 현대 조선 청년은 과연 위로하고 축하할 일도 많고, 찬양할 점도 적지 않도다. 국외의 사람도 흠모를 그치지 않는데 조선 청년 된 우리로서야 솟구쳐 오르는 정도가 어찌 그 한계가 있으랴. 울어도 같이 울 것인데, 웃을 일이야 어찌 주저할 것이냐. 나는 실로 급격히 향상되는 조선 청년의 사상계를 볼 때, 또한 지식열을 볼 때 '과연 우리도 살았구나.' 하는, 가슴으로 솟아오르는 환희의 열정을 금치 못하여 한번 위로와 축하를 드리며 한번 다시 향상하여 가기를 재촉하려 한다.

【 1. 조선 청년의 과거는 어떠하였는가】

조선 청년의 과거는 피가 없었느니라. 피가 있어도 냉혈이었느니라. 그래서 아무 생기도 없고 아무 흥분도 없었느니라. 그저 나약뿐이었으며 타락뿐이었느니라. 늘 시큰둥하여 하품만 하였으며 흐리멍덩하여 기지개만 하였느니라. 누가 보든지 타락한 민족으로 아니 볼 수 없었으며, 우리가 생각하여도 무능력하였던 것은 사실이다. 그래서 어디를 가든지 누구를 대하든지 무슨 일을 당하든지 "나는 무혈성(無血性)이오."를 자백하였으며 "나는 무능력이오."를 윗길로 표창하였다. 그리하여 누가 보든지 '저것도 사람인가? 저것도 청년인가?' 하는 의심을 꼭 가지게 하였다. 그리하여 누가 눈만 부릅뜨면 "아니, 나는 잘못한 것 없어요." 하고 꽁무니부터 뺐으며, 누가 고함만 치면 눈이 멍멍하여 부들부들 떨기만 하였다. 어쩌면 그리 나약하였으며 비겁하였으며 무능하였던지?

우리의 과거는 실로 아름답지 못한 일이 많았다. 살겠다는 욕망도 없었고 어떻게 할까 하는 관념도 없었던 터이다. '그저 되는 대로 살지.' '그러면 무슨 수가 있나' '암만 해도 안 돼' '그저 죽으라면 죽고….' '암만 그런대도 안 될 걸…?' 등의 타락, 절망, 소극, 비관의 사상만 뇌에 가득 고여 있고 발꿈치까지 들이 젖어 향상의 뜻도 없고 전진의 희망도 없었다. 그래서 누가 묻기를 "당신, 무엇을 합니까?" 하면 "아무것도 하는 것 없어요. 그저 놉니다."가 의례하는 대답이고, 또 묻기를 "당신, 무엇을 하였으면 좋겠소?" 하면 고개부터 수그리며 아무 생기 없는 말로 "글쎄요. 무엇을 하면 좋을는지…." 할 뿐이다. 또 다시 묻기를 "여보, 그럴 것 없이 아무 군청에 직원 한 자리 비었으니 거기나 가 보구려." 하면 그제야 눈이 번쩍 띄며 "직원 자리가 있어요? 월급은 얼마인가요?"라고 직원 벌이에 전심을 다 기울였으니, 돈맛을 어찌나 못 보았던지 제일 착으로 월급부터 물었다. 이것이 어떤 청년을 제외한 외에 보통은 다 그러하였다. 과거의 우리는 어쩌면 그리 노예가 되기를 바라는 식이었으며 돈을 쫓아다니는 정열뿐이었던지?

　과거의 우리는 실로 가련 무쌍이었다. 사상계도 사상계려니와 지식열은 어찌 그리 박약하였든지? 학교에 보내기를 싫어하였고 (강연을 하는) 강당에 들기를 좋아하지 않았다. 서책을 대하기도 전에 염증부터 냈으며 문제를 생각하기도 전에 이맛살부터 찡그렸다. 그중에도 혹 생각 있는 자가 있어 이것저것 좀 알아보고자, 해 보고자 하는 기미만 보면 무슨 심술인지 쫓아가며 훼방을 하며 질투까지 하였다. 과거사니 말이지 엄청나게도 부패하였던 우리의 경로였다. 일일이 예를 들기는 미처 겨를이 없지만 가장 일반적이던 예만 들 것 같으면, 어떤 사람이 다른 사람에게 청하기를 "자, 오늘 저녁 어떤 회관에서 어떤 연설가가 연설을 한다 하니 가 볼까?" 하면 그는 "그까짓 것 시시멀렁한 것, 그 기도하는 꼴 보기 싫데…." 하며 자리에 털썩 눕거나 연극장으로 가 버리는 것이 의례 하는 버릇이었다. 실상 자기는 몇 사람이 모인 자리에서 통성명 한번을 변변히 못하는 위인이면서.

　또 어떤 이를 보고 "자, 어떤 곳에 고적(古蹟)이 많고 또 풍경이 좋아 우리의 참고상, 문견상(聞見上) 한 번 볼 만하다니 우리 가보세? 여비는 몇 원씩 들지만…." 하면 얼른 대답이 "거기 가는 돈으로 술을 사 먹지 그까짓 신발 닳고…." 하면서 역시 문 밖으로 슬쩍 나아가거나 드러눕거나 하는 것이 예사였다. 또 한 가지 예를 들면 어떤 청년을 보고 "자, 그렇게 낮잠만 자지 말고 신문이라도 보고 잡지라도 보게. 그 가운데 우리에게 유익될 점이 많이 있네." 하면 역시 전과 같은 모양의 대답이겠다. "그까짓 시시구러한 것!" 하고, 그리하여 정(正) 마지못하게 권하면 할 수 없어 광고나 혹 벤치 그림 같은 것이나 한 줄 보고, 좀 세밀히 본대야 소설이나 속가(俗歌)만 주마간산 격으로 한번 보는 듯 마는 듯 하였나니, 이것이 어찌 국가의 정신이 되고 사회의 중견이 될 청년으로서야 감히 취할 바이냐. 우리의 과거는 이러 하였으므로 우리네 축에는 상당한 지식자, 상당한 인격자가 없었던 터이다. 따라서 우리의 사회와 우리의 강산은 암흑이었으며 퇴패였다. 한 번 살펴보라! 우리 중에 종교가로나 과학가로나 교육가로나 저술가로나 기타 모든 방면에 향하여 남보다 뛰어나지는 못하나마 남과 비슷한 인물이나마 그 몇 사람이나 되는가?

우리의 과거는 실로 무도덕이었으며 무애정이었다. 인간사회라고 할 가치가 조금도 없었다. 쌀쌀하고 차갑게 식은 세계였으며, 따끔따끔한 가시밭 세계였도다. 훈훈한 빛도 볼 수 없었으며 달콤한 맛도 볼 수 없었다. 대할 적마다 접할 적마다 빈정거리거나 힐끔거리거나 하여 원수와 같이 뱀이나 전갈과 같이 냉대하거나 회피하였다. 동정이 무엇인지, 사랑이 무엇인지, 공익이 무엇인지, 자선이 무엇인지, 구제가 무엇인지, 또는 동족이 무엇인지, 자기가 무엇인지 도무지 몰랐다. 그저 하루 밥 세 그릇주의뿐, 그저 자기 일신만, 넓어 봐야 한 가족만 알았다. 그 외에 동족이야 죽든지 살든지 사회야 썩어지든지 풀어지든지 도무지 관계하지 않았다. 그러므로 배가 터지도록 먹고 입으로 토할지언정 불쌍한 거지에게 밥 한 그릇 줄 줄을 몰랐으며, 청루주사(靑樓酒肆: 화려한 술집)에 만금을 흩어 버릴지언정 사회 공익에는 한 푼의 돈을 아니 내었다. 이국인에게는 알랑알랑하면서도 동족끼리는 뻣뻣하게 굴었으며, 도적에게는 '가져가소서' 하면서도 고학생, 고아에게는 '한 푼도 없어요' 하였나니, 이것이 어찌 사람으로야 차마 할 일이랴. 우리의 과거는 실로 말하지 못할 기풍괴속(奇風怪俗)이 많았도다.

【2. 현재의 조선청년은 어떠한가】

공도(公道)의 순환인가? 큰 전쟁(1차 세계대전: 역자주)의 여풍(餘風)인가? 평화의 소리가 나자 신생(新生)의 새 물길이 흐르도다. 이 구석 저 구석에서 자유를 노래하며 인간 세상 도처에 새 공기가 핑 돌도다. 조선도 이 세계의 한 아이요,

조선 민족도 이 인류의 한 아이라. 조선 강산이라 어찌 새로운 빛이 아니 오며, 조선 민족이라 어찌 새로운 각성이 없을까 보냐. 과연 큰 가뭄 중의 만물이 단비를 맞은 것같이, 깜깜한 밤의 마왕이 서광에 항복하는 것같이, 옛날의 적폐는 떠나고 새로운 사회적 현상이 새로 일어나 넘치나니, 냉혈이 뜨거워지며, 팔, 힘, 다리 힘이 끊이지 않고 순환된다. 사상계가 힘써 일어나며, 지식열이 팽배해진다. 모두 각각 그 생명과 생존과 생활을 부르짖으며 다 각각 승리를 도모한다. 조선 청년도 이제야말로 청년다워진다. 몰상식의 추태를 면하게 된다. 알겠다는 열기, 살겠다는 열기, 지지 않겠다는 열기, 굳세겠다는 열기, 모든 열기가 불 일 듯이 일어나, 그들의 전신은 배, 등, 손, 발 할 것 없이 모두 절절 끓는 열 덩어리가 되었다. 도시에도 그러하고 지방[鄕里]에도 그러하다. 아동도 그러하고 주졸(走卒)도 그러하다. 조선 청년이야말로 이제야 살았도다.

학교 학교에 입학원서가 동이 나고, 강당 강당에 걸상이 부족하니 취학열은 그 얼마나 높으며, 거리거리에 게시가 끊이지 않으며 회당 회당에 만석의 소식이 연이어 들려오니 집회열, 웅변열은 그 얼마나 격증함인가. 신문 잡지는 절판이 되며 청년 도처에 독서하는 소리뿐이니, 이리하고야 못살 자가 어디 또 있으랴. 조선을 위하야 기쁘고 다행함이 이보다 더 클 자가 다시없도다.

조선 사회는 이제야 인간 사회답도다. 형극도 빼버리고 사갈도 도망했도다. 도덕의 기풍이 일며, 동정의 파도가 흐르도다. 사랑의 천지가 되며 정의 세계가 되도다. 대하고 접하는 이마다 흉금을 토로하야 그 뜻을 밝히며, 말하고 웃는 이마다 손을 마주잡고 사랑을 보내니 따뜻한 봄동산이요, 달콤한 감천(甘泉)이로다.

조선 민족도 이제는 사회도 알고 민족도 알도다. 공익도 알며 자선도 알도다. 사상이 있으면 있는 대로, 실력이 있으면 있는 대로 시간마다 날마다, 직접으로 간접으로, 체력으로 금력(金力)으로, 사회를 위하여 민족을 위하여, 공익으로 자선으로 각 방면으로 활동을 시작하였도다. 이제야말로 우리는 잘살게 되었도다.

조선 청년은 과거를 무한히 느끼도다. 과거의 무능을 크게 통분히 여기며 과거의 무위(無爲)를 큰 수치로 여기도다. 을파소(乙巴素) 후에 다시 을파소 없었음을 크게 통분히 여기며, 개소문 후에 다시 개소문 없음을 큰 수치로 안다. 을지문덕 후에 왜 을지문덕이 못 났던고 하며 가슴 치는 이도 있고, 김유신 후에 왜 김유신이 다시 없었는고 하여 손길을 부비는 이도 있다. 고운(최치원) 선생을 생각하며, 왕인(王仁) 공을 추모하여 크게 그들의 뒤를 이으려 한다. 천년 전 그 미술을 다시 찾으려 하며, 백년 전 그 문학을 다시 일으키고자 한다. 철갑선, 비항기[飛航機＝飛車-역자주], 진천포(震天砲)를 생각하면서 '우리 조선은 그렇게 하였거늘 우리는 왜?' 하며 통분에 통분을 자꾸 한다. 조소리 흥안령(鳥蘇里 興安嶺, 고구려 장수왕 당시 등 조선의 강역이 만주에 뻗어 있을 당시의 주요 지명: 역자주)을 생각하며, 발해 요동을 생각하면서 우리네 중에 굳은 힘을 쓰는 이가 그 얼마임을 누가 모르랴.

조선 청년에 이러한 이가 많이 보인다. 링컨 되기를 자기(自期: 마음속으로 스스로 약속함)하는 이도 보이고 비스마르크를 기약하는 이도 보인다. 니체를 기약하며, 톨스토이를 기약하며, 루소를 기약하며, 괴테를 기약하는 이들이 퍽 많이 보인다. 콜럼버스 되고자 하며, 피어리(Robert Edwin Peary, 북극 탐험가: 역자주)도 되고자 한다. 뉴턴도 되고자 하고 스티븐슨(Gorge Stephenson, 영국의 증기기관 발명가: 역자주)도 되고자 하며, 그중에도 예수나 석가여래 같은 대종교가 되고자 하는 이도 있는지도 모르겠다.

조선 청년도 이제부터는 실력주의를 가지며 강력주의를 가지며 자조주의를 가지며 자아주의를 가진다. 허약은 꿈에도 두지 않으며 자기 비하는 뿌리까지 빼 버렸다. 그리하여, 자조라야 살고, 강해야 죽지 않을 줄 확실히 각성하였다. 그래서 지적(知的)으로 덕적(德的)으로 체적(體的)으로 급급히 전진하며 끊임없이 움직인다. 이것이 축하할 만한 것이 아니랴.

【3. 조선청년의 장래는 어떠할까】

조선 청년의 장래는 물론 영광이라 한다. 기필코 행복이라 한다. 우리의 과거가 고통이었고, 비애였고, 억울이었고, 불평이었고, 불행복이었고, 또 우리의 현재가 다망(多忙)이며, 분주이며, 분투이며, 향상이니, 장래가 어찌 영광이 아니며 행복이 아니랴. 하늘은 스스로 돕는 자를 도우며 세상은 스스로 위하는 자를 인정해 주나니 그만한 활동에 그만한 보수가 어찌 없으며, 그만한 노력에 그만한 효과가 어찌 없으랴. 하물며 강자도 살고 약자도 살고 어리석은 자도 살고 지식이 있는 자도 살고 부자도 살고 빈자도 살자는 평등의 천하가 되려는 앞으로의 세계에서랴.

　　나는 크게 자신하는 바 있노라. 우리의 역사가 순박하고 참되었으니 반드시 방해물이 없을 것이며, 우리의 강산이 수려하고 또 위치가 정중(正中)하니 반드시 세계의 낙원이 될 것이라. 더군다나 그 주인이 민활하고도 덕후(德厚)하니 천하의 어떤 사람에 미치지 못할 염려가 있으랴. 우리 청년의 자각이 그만하고 우리 청년의 활동이 그만하니 우리의 장래야 걱정이 무엇이랴. 그러나 최후에 한 번 더 비노니, 오직 자중하여 꾸준히 나아가고 빠르게 전진하기에 뜻을 모으라.

[해설]

박달성이 조선의 청년들에게 주는 백서와 같은 글이다. 말하자면, "조선 청년에게 고함!"이다. 박달성은 천도교청년회에서 활동하면서 국내 순회강연단을 조직하고 전국 순회강연을 실시하여 문화운동론을 전파한다. 그리고 그 연장선상에서 『개벽』에도 여러 편의 문화운동 관련 글을 기고한다. 『개벽』 창간호에서 '시급히 해결할 조선의 2대 문제'란 제호로 쓴 글에서, '두 가지 문제'로 교육문제와 농촌문제를 들고 있다. 이 글은 2호에 실린 글로 청년들을 대상으로 하여 쓴 글이다.

박달성은 춘파(春坡, 봄언덕)이라는 아호와 함께 몽암(夢菴)이라는 도호(道號-천도교의 아호)를 가지고 있으며, 그 밖에도 송아지, 박돌이 등의 아호로 활발하게 문필 활동을 했다. 1895년생으로 개벽사의 지주인 김기전과 동갑이면서, 후배들(방정환 등)을 이끌어 간 개벽사의 에너자이저이다. 고향 평북 태천에서 8세에 천도교인이 되었고, 보성중학교를 졸업한 후 〈천도교회월보사〉 기자로 재직하다고 동경 동양대학 문과에 유학하였으나 6개월 만에 귀국하였다. 그가 일본에 머무는 동안 방정환과 함께 천도교청년회 동경지회를 구성하고 회장이 되었다. 그 시기에 천도교청년회동경지회 유학생 순회강연단으로 조선 전역을 순회(3개월)하였으며, 1923년에는 개벽사에 정식 입사하여, 방정환과 마찬가지로 개벽사 등의 업무 과로로 인한 지병으로 1934년 병사할 때까지 활발하게 활동하였다.(이동초 편, 〈동학천도교인명사전〉 참조) 그는 1920년 이후 천도교청년들에게는 활기를 불어넣는 에너자이저로서의 역할을 다하였다고 할 수 있다.

1920년에 접어들면서 3.1운동의 여파와 개조와 계몽의 열기 속에서, 전국적으로 청년회가 폭발적으로 늘어났다. 그 당시의 신문 사설에서도 청년회의 설립 동향을 전하는 글, 그리고 청년 활동을 독려하는 글들이 많아졌다. 우후죽순격의 청년회 설립에 따른 다음 단계로의 이행에 대한 논의도 활발하였다. 《동아일보》에서는 "전 조선 각지 청년회의 일대 연합을 희망"한다면서, 청년회는 "사회혁신의 도리(道理)요 사회 갱신의 생명"이라고 규정하고 나아가 "사회활동의 근원이요 사회 전진의 세력"이라고('청년연합회에 대하여 各地 同會에 更告하노라《동아일보》(1920.7.9.)) 평가하고 촉구하는 글이 있다. 그만큼 청년들은 계몽과 개조의 선두에 서 있으며 '연합회'를 구성하는 것이 당연시 될 만큼 많고, 활발하였다는 점을 볼 수 있는 것이다.

박달성도 이 글에서 조선 청년들의 조선 청년들의 과거와 현재와 미래의 모습을 조감하면서 조선청년들이 앞으로 나아갈 방향성을 제시하고 있다. 그는 조선 청년들의 현재를 진단하면서 다음과 같이 말하고 있다; "조선 청년도 이제부터는 실력주의를 가지며 강력주의를 가지며 자조주의를 가지며, 자아주의를 가진다. 허약은 꿈에도 두지 않으며 자기 비하는 뿌리까지 빼 버렸다. 그리하여, 자조라야 살고, 강해야 죽지 않을 줄 확실히 각성하였다. 그래서 지적(知的)으로 덕적(德的)으로 체적(體的)으로 급급히 전진하며 끊임없이 움직인다. 이것이 축하할 만한 것이 아니냐."

조선청년이 가져야 하는 것을 실력주의, 강력주의, 자조주의라고 규정한다. 그러면서도 따뜻한 격려를 아끼지 않고 있다.

『개벽』과 『천도교회월보』 등에 다수 발표된 박달성 글은 구어체의 생생한 표현들과 소박하면서 따뜻함이 스며 있는 문체, 그러면서도 때로 강건체로 쓰인 글들이 매력이 아닐까 생각하는데, 이 글에서도 청년들이 사회적 주체로 재구성되기 위해 혹독한 자기 개조를 행해야 한다는 것을 강력하게 주창하고 있다.

마지막으로 박달성은 미래 사회, 즉 조선의 미래를 구상하면서, 조선 청년의 장래는 영광이라고 규정한다. 앞으로 조선 청년들의 장래는 바로 우리 민족의 앞날과도 맞닿아 있는 문제이니 그가 바라는 세상의 모습을 여기서 살펴볼 수 있다고 본다.

이 글의 내용은 웬일인지, 현재에도 거의 유효하다고 본다.(비극적 희극이랄까?) '삼포세대'니 '꼰대'로 대변되는, 우리 사회의 모순이 조성한 사회상을 돌이켜보면, 지금의 청년들에게 주어야 할 것은 주식이나 부동산이 아니라고 본다. 그들에게는 자신이 속한 공동체에 대한 자긍심과 신뢰감, 건설적 미래에 대한 설계도를 보여줌으로써 현실의 모순을 타개하고자 하는 적극적인 의지의 근거를 제공해 주어야 한다고 본다. 그런 측면에서 이 글에서 강조하고 주장하는 교육에 대한 의지, 민족적(공동체) 자존심, 노력하면 잘 된다는 믿음은, 이 시대에 다시금 음미할 가치가 있다고 본다.

박달성

박달성은 『개벽』의 대표적인 필진 중의 한 사람으로 호는 춘파(春坡), 가자봉인(茄子峰人)이고 도호는 몽암(夢庵)이다. 1895년 4월 9일 평안북도 태천군에서 아버지 박찬빈과 어머니 강빈화 사이에서 출생하였고, 아버지와 어머니가 동학 교인으로 어려서부터 자연스럽게 동학의 분위기에서 성장하였다. 박달성은 그때를 "나의 아버지는 스물여섯 살 되는 해요 나는 홑 여섯 살 되는 해입니다. 그때의 나의 아버지는 동학을 처음 받아놓고(庚子 二月初六一이라 함) 하루 세 번씩 청수(淸水)를 모시며 강령주문(降靈呪文), 본주문(本呪文), 참회문(懺悔文), 동경대전(東經大全) 가사(歌詞-龍潭遺詞: 필자 주) 등을 고성(高聲)으로 불러 외이셨"[1]다고 하면서 가장 기쁘고 즐거운 때였다고 회상하고 있다.

7세에서 11세까지 사숙에서 한문을 수학하였다. 그리고 13세이던 1907년부터 17세이던 1911년까지 태천에 있는 천도교 교리강습소에서 보통학 과정을 교육받았고 1908년부터 1912년까지 동 강습소의 서기로 활동하였다.[2]

1913년 4월에 보성고등보통학교에 입학하여 1916년 3월 졸업하였다. 이 기간 동안 그는 신식학문을 접하고 사회진화론이 지배하는 세계의 실상을 파악하고 양육강식, 적자생존의 사회진화론적 세계관을 갖게 되었다. 그는 학

1   朴達成, 「回顧 敎會生活二十有八年」, 『新人間』 12호, 1927.5, 36쪽.
2   조규태, 1920년대 천도교인 박달성의 사회·종교관과 문화운동 『동학학보』. 22호 동학학회, 2011. 8. 12-13쪽.

생 시절에 니체의 강력주의와 톨스토이의 인도주의, 성선설과 성악설을 등 여러 사상을 탐색하였다.[3] 하지만 박달성은 1930년에 『學生』에 〈어떤 학생의 고백-십년 전의 학생과 지금의 학생〉이라는 글을 통해 "경계하여 마지못할 것은 외래사상의 흡수 문제"라고 하면서 "적당히 소화해야지 섣불리 하거나 과도히 하거나 중독이 되는 것은 삼가야 한다"고 했다.[4]

1920년 7월부터 8월까지 천도교청년회의 본부 특파원 남선지역 순회강연단의 일원으로 이돈화, 박사직과 함께 서울과 경기·강원·충청·경상·전라도에서 순회강연을 하였고, 1921년 초 일본에 유학하여 동양대학 동양대학 문과에서 6개월간 수학하였다.[5] 박달성은 1921년 2월 동경에 도착하여 천도교청년회를 조직하는 등 황성하게 활동하다가 'M사건'으로 체포되어 옥고를 치르기도 하였다.[6]

개벽사에 입사하여 처음에는 『개벽』 잡지에서 사회부 주임으로 활동하였고 1922년에는 개벽사에서 발간한 『부인』 잡지의 편집 주임에 취임한다. 1923년 9월 2일 신문화사상의 선전에 주력하였던 천도교청년회를 천도교청년당으로 발전시킬 때 발기인으로 참여하여 핵심적인 역할을 수행하고 1926년부터 『신인간』의 주필로 활동하였다. 1934년 5월 9일 40세를 일기로 경성 재동(齋洞)의 자택에서 돌아가셨다.

[3] 조규태, 「1920년대 천도교인 박달성의 사회·종교관과 문화운동」, 『동학학보』 제22호 동학학회, 2011. 8, 14쪽.

[4] 朴達成, 「엇던 學生의 告白-十年前의 學生과 至今의 學生」, 『學生』 2권1호, 1930.1, 21쪽 참조.

[5] 조규태, 「『개벽』을 이끈 사람들」, 『개벽에 비친 식민지 조선의 얼굴』, 모시는 사람들, 2009, 107쪽

[6] "춘형 2월 16일 동경에서 일어난 M의 사건이라 하면 아마 兒童走卒도 알 듯 싶소이다. 나는 그 사건의 혐의를 받았소이다. 법망에 걸린 몸이 되어 철창의 생활을 하였소이다. 팔자에 업는 자동차도 타보고 달성이란 본명을 떼어버리고 나나주방(ナナジュバン)이란 가명도 부처 보았나이다. 보호순사도 달아보고 無勞徒食의 호사도 하야 보았소이다. "(東京春弟, 「鐵窓에서 느낀 그대로」, 『개벽』 10호, 개벽사, 1921.4, 62쪽) 이 글을 통해 그 당시의 박달성의 심정과 상황을 알 수 있다.

박은미

◆ 『개벽』을 2년 정도 읽으면 다 읽을 줄 알았는데 아직도
갈 길은 멀다 ◆ 그러면서도 궁금하다. 박달성, 이돈화
김기전 방정환 그들은 치열하게 살았지만 나는 1920년대의
낭만에 대해 배워가는 중이다 ◆ 격주로 진행되는
'개벽 강독회' 온라인으로 접속하여 공부한다 ◆ 부디 많이
오셔서 함께 공부하길 바란다

마음은 도의 근본

박희택

현대어역 성강현

『천도교회월보』 제8호, 1911.03.15.

한울과 사람 사이를 소개하는 것은 이 마음이요,[1] 성품과 몸의 세계를 포괄하는 것도 이 마음이니, 마음은 이로써 큰 능력을 발휘하는 좋은 수단이 되는 것인데 (사람들은) 거의 그러지(능력을 쓰지) 못합니다. 마음과 마음이 모두 그러한가? 마음에 두 극단적인 방향[兩端]이 있으니, 하나는 한울의 공변됨[天公]이요 하나는 사람의 사사로움[人私]으로, 이는 (마음을) 선과 악으로써 나눈 것입니다. 인애(仁愛)라 말하고 정의(正義)라 말하는 것은 (마음이) 엉기어 덕행(德行)이 되고 도(道)가 되나니 천공(天公)에 속하는 것입니다. 방벽(放僻=放辟, 아무 거리낌 없이 제멋대로 행동함)이라 말하고 탐비(貪鄙, 욕심이 많고 야비함)라고 말하는 것은 재앙을 만들어서 쌓고, (마음을) 어그러지게 만들어서 극에 달한 것이니 인사(人私)에 관계되는 것입니다. 나는 마땅히 여러 한울의 공변됨을 취하여 말하고자 합니다.

　무릇 우리 천도는 (한울님) 마음으로써 (사람=스승님 또는 교인) 마음에 전한 것입니다.[2] 한울이 마음으로써 대신사(大神師, 천도교에서 교조인 수운 최제우를 높여 일

1 　"마음은 바로 성품이 몸으로 나타날 때 생기어, 형상이 없이 성품과 몸 둘 사이에 모든 이치와 일을 소개하는 요긴한 중추가 되느니라."(『의암성사법설』, 「무체법경」, '성심신삼단').

2 　"吾心卽汝心 … 天心卽人心."(『동경대전』, 「논학문」).

컫는 용어)와 신사(神師, 천도교에서 해월 최시형을 높여 일컫는 용어)께 전하고, 두 분 신사가 마음으로써 성사(聖師, 천도교에서 의암 손병희를 높여 일컫는 용어)께 전하고, 성사께서 마음으로써 우리 수백만 교인들에게 전하시니[3] 이 마음이 널리 포덕됨에 천도(天道)가 넓어지고 인도(人道)가 바르게 되었습니다.

일찍이 생각해 보니, 내가 우주라는 큰 세계 속에서 일대 기반을 정하게 한 것이 누구이며, 내가 우주라는 큰 세계 속에서 일대 주권을 잡게 한 것이 누구이며, 내가 우주라는 큰 세계 속에서 최고의 영성과 지혜를 쓰게 한 것이 누구이며, 내가 우주라는 큰 세계 속에서 최고의 능력을 운용하게 하는 것이 누구인가 하면, 이는 모두 이 마음으로 하는 것이니, 이렇게 하면 하늘과 땅이 역(易)의 문(門)[4]을 정하여 모든 조화가 이에서 나오며, 사람의 성품이 이에서 이루어지는 것입니다. 어리석은 사람을 들어오면 현명하고 현명한 사람이 되고. 암매(暗昧)한 사람을 들어오게 하면 밝고 밝게 되고, 미개한 세상 사람을 들어오게 하면 문명 세계의 사람이 되고, 먼지 구덩이에 빠진 백성이 들어오면 한울의 포태 속에서 사는 백성이 되나니 진실로 공경할 만합니다.[5]

---

3 한울은 무극(무선무악), 신은 태극(천황씨. 인내천: 천도), 성인은 성심신 하나라도 능하면(유불선 각교), "일체가 세 가지로 변하는 것은 성품과 마음이 할 수 있는 것이니 이를 천황씨라 이르고, 만약 세 가지에 하나가 능하면 성인이라 이르고, 세 가지에 하나라도 능치 못하면 범인이라 이르나니,"(『무체법경』, 「신통고」). 천도교에 와서 모든 진리가 밝혀지고, 이전에 일부만 가르쳤던 도가 하나로 돌아간다. 그런 의식이 한울과 신과 성과 일반인을 단계적으로 보는 틀이 되었다. "산하의 큰 운수가 다 이 도에 돌아오니 그 근원이 가장 깊고 그 이치가 심히 멀도다."(『동경대전』, 「탄도유심급」); "우리 도는 (한울이치의 근원에서) 「유」와도 같고 「불」과도 같고 「선」과도 같으나, 실인즉 「유」도 아니요 「불」도 아니요 「선」도 아닙니다. 그러므로 「세상에 비길 데 없는 무극대도」라 이르나니, 옛 성인은 다만 지엽만 말하고 근본은 말하지 못하였으나, 우리 수운 대선생님께서는 천지·음양·일월·귀신·기운·조화의 근본을 처음으로 밝히셨습니다."(『해월신사법설』, 「천도와 유불선」); "한 나무에 세 가지 꽃이란 무엇을 말함인가. 비유로 직언하면 한울에서 나기는 한 가지나 각각 그 이름이 각 교로 된 것이니, 유·불·선 삼교는 한울에 근본하였으나, 각각 문호를 달리한 것이 이것이니라."(『의암성사법설』, 「삼화일목」). 그러므로 각 교는 유·불·선의 이름이 있으나 천도는 따로 이름이 없이 자연한 한울의 도인 '천도' 또는 '천교' 또는 현상 이전 무극까지 온전히 밝힌 '무극대도'일 뿐이다.

4 "하늘(乾)과 땅(坤)은 역(易)의 문(門)이다." 이 말은 『주역』〈계사전(繫辭傳) 하편 제6장〉에 나온다. '역(易)의 문(門)'은 변화가 이루어지는 계기, 천도교의 용어로 하자면 조화의 출발점, 즉 만물을 낳는 시발점이다. 여기서 건(乾)은 하늘(天)과 양(陽)과 아버지(父)를 상징하고, 곤(坤)은 땅(地)과 음(陰)과 어머니(母)를 상징하니, 곧 '천지부모'에 다름 아니다. 본문에서는 '한울님의 조화'의 의미 가운데서, 새로움, 고양됨, 밝아짐, 생동감 등 개벽의 의미가 더욱 강조되었다.

5 "우리 수운 대선생께서는 정성에 능하고 공경에 능하고 믿음에 능하신 큰 성인이었습니다. 정성이 한울에 이르러 천명을 계승하시었고, 공경이 한울에 이르러 조용히 천어를 들으시었고, 믿음이 한울에 이르러 약속이 한울과 합하셨습니다. 여기에 큰 성인이 되신 것입니다. 나면서부터 아신 성인도 오히려 그러하셨거든, 하물며 어리석은 사람이 어질고자 어두운 사람이 밝아지고자 범인이 성인이 되고자 함에랴."(『해월신사법설』, 「성경신」)

166

우리 교는 세상 포태의 첫 조상[初祖]이며[6], 마음을 낳은 어머니[阿母, 어머니를 정답게 부르던 말]라고 할 수 있습니다. 내가 천도를 구하는 처음에 마음으로 먼저 한울나라[天府]에 가서 상제(한울님)를 바로 곁에서 모시면서 헤아릴 수 없는 깊고 오묘한 진리를 세세하게 참여하여 듣고, 도(道)가 무엇인지, 교(教)가 무엇인지를 두루두루 물어보았습니다. 도의 참된 원인[真因]으로 가르침의 큰 결실[碩果]을 정성을 다하여[傾筐=頃筐] 모아 담고, 그 요지를 파악한 연후에 가득 품고서 표연(飄然)히 다시 돌아와 천인(天因)을 나의 성품의 근원에 심으니, 성품 근원 중에서 (한울의) 신령한 지혜의 싹이 생겨나고, 내 한 몸과 가족(가정)이 모두 (한울의) 복덕으로 비옥해집니다. 신령한 지혜를 내가 기르며, 복덕을 내가 누리니 어제의 천인(天因)과 천과(天果)가 오늘 나의 신령한 지혜가 되고 나의 복덕이 되었습니다. 성품 속의 무형의 가르침은 신령이 밝게 드러나게 하며, 육신계의 유형의 직분은 지혜가 (그 직분을) 확장하게 하여, 교의 전체와 한 부분을 쇠를 녹이듯이 하여 다시 하나의 도가 되게 하고, 복록과 즐거움을 누리는 것으로 몸 세계의 비근(卑近)한 경사로 삼고, 성품 나라의 고원(高遠)한 영예로 삼으니[7], 이로써 천도를 세상에 펴면 천도(天道)가 완전해지며 한울님 가르침[天教]이 온전해집니다.

다시 생각해보니 마음의 좋은 소개가 없으면 한울과 내가 제 각각 제자리에만 머물러 한울은 나를 사랑할 수 없고, 나는 한울님을 모실 수 없는 것이요, 마음의 큰 능력이 아니면 성품과 몸의 방향이 어그러져 성품이 몸을 쓸 수 없으며, 몸이 성품을 기를 수 없게 됩니다.[8] 그렇게 되면 한울이 내 한울이 아니요, 나는 한울 사람이 아니요, 성품은 한울 성품이 아니요, 이 몸은 한울님 모

<hr>

[6] 후천(後天)의 운수를 타고 태어난 첫 종교를 의미함.

[7] "성품을 주체로 보고 닦는 사람은 성품의 권능으로써 비고 고요한 경지를 무궁히 하고 그 원소를 넓히고 채워 나지도 죽지도 않는 것을 도라 말하고, 몸을 주체로 보고 닦는 사람은 몸의 권능으로써 막힘없고 거리낌 없이 현 세계에서 모든 백성을 거두어 기르는 것을 도라고 말하느니라."(『무체법경』, 「성심신삼단」)

[8] "마음이 없으면 (한울) 성품을 보려는 생각이 어디서 생길 것인가. 무릇 마음은 몸에 속한 것이니라."(『무체법경』, 「성심신 삼단」)

신 몸이 아니게 되니[天不天 我不我 性不性 身不身],[9] 이는 세계가 텅 비게 되고, 우주가 없어지는 것입니다. 이는 참으로 두려운 일이 아니겠습니까? 나는 장차 이 마음을 단단히 잡고 잃어버리지 않을 것입니다.

[해설]

이 글은 천도교 수행에서 마음공부의 중요성을 강조하고 있다. 천도교 시대로 들어오면서 사람은 성품·마음·몸의 3단(端)으로 구성되었다고 인식하고 마음이 주재하여 성신의 조화를 이루도록 하는 심학(心學)에 힘썼다.[10] 이러한 배경을 갖고 이 글을 이해한다면 보다 쉽게 접근할 수 있다. 대부분의 종교의 수행에서 마음공부에 관해 언급하고 있다. 불교에서 "일체유심조(一切唯心造)"라고 말한 것이 대표적이다. 천도교를 창도한 수운 선생은 "열세 자 지극하면 만권시서(萬卷詩書) 무엇하며 심학(心學)이라 하였으니 불망기의(不忘其意) 하여스라"라고 하여 마음공부를 동학 공부의 핵심으로 삼았다. 박희택은 '마음은 도의 근본'이라고 규정한다.

마음은 한울과 사람을 연결(소개)한다. 마음이 있음으로써 우리는 한울님과 이 세계를 인식할 수 있다. 그리고 마음은 한 개인 내적으로는 성품과 몸을 주재하는 것이다. 박희택은 이 마음의 양 끝[極端]에 각각 한울님의 공변된 마음[天公]과 사람의 사사로은 마음[人私]이 있다고 하였다. 인애와 정의는 천공에 해당하고, 방벽과 탐비는 인사에 해당하는데, 이는 사람 마음을 선과 악으로 구분한 것이다. 박희택은 이 중 한울마음을 근거로 이 글을 써나가겠다고 하였다.

박희택은 또 심(心)을 천도교의 창도와 전수 과정과 결부 지어 이야기한다.

9 "효박한 이 세상에 군불군 신불신과 부불부 자부자를 주소간 탄식하니"(『용담유사』, 「몽중노소문답가」)의 형식을 사용함.
10 『의암성사법설』, 「무체법경」, '성심신삼단'.

본문에서는 천도교가 수운 최제우 선생이 한울님으로부터 무극대도를 받아 동학을 창도한 것을 '이심전심(以心傳心)'으로 표현하고 있다. 기록에 따르면 수운 선생은 종교체험을 통해 "내 마음이 곧 네 마음이라"는 오심즉여심(吾心卽汝心)을 깨달았다고 하였다. 수운 선생의 마음과 한울님의 마음이 하나가 되는 경지에 도달한 것을 이심전심의 상태라고 본 셈이다. 시천주는 이러한 수운 선생의 종교체험을 교의화한 것이다. 한울님과 수운 선생 사이의 심전수수(心傳授受)의 종교체험처럼 수운은 해월 최시형에게 심법 전수를 하였고, 해월은 다시 의암 손병희에게 심법 전수를 하였다. 의암은 사사상수(師師相授)로 전해진 심법(心法)[11]을 수백만 천도교인에게 공동심법전수로 전하였다. 따라서 천도교인이 자기의 마음으로 주문을 수행하면 한울님과 스승님의 마음에 다다를 수 있다.

나라는 존재가 대우주 속에서 살아갈 수 있는 기반을 만들고, 영성과 지혜를 지닌 신령한 존재로 살아갈 수 있도록 하는 것은 누구인가? 바로 한울님이다. 사람은 누구나 한울님이기 때문에 마음공부를 통해 한울님의 마음을 회복할 수 있다. 한울님 마음을 회복하면 어리석은 사람은 현명해지고, 미개한 사람은 문명인이 될 수 있으니 이것이 천도교 마음공부의 효과라고 말할 수 있다.

수운 선생이 사람이 한울님이라는 심법을 깨달아 세상에 전하였기 때문에 천도교는 후천의 운수를 연 새로운 종교이며, 마음을 바르게 닦는 방법을 제시한 종교이다. 마음공부를 통해 천공의 방향으로 마음을 쓰면 신령한 지혜와 복록을 누리는 삶을 살고, 나아가 마음이 생겨나는 근본 자리인 성품을 깨닫는 경지에 도달한다. 그리고 이런 천공의 마음을 회복한 사람이 많아지면 한울님의 가르침[天教]이 펼쳐지는 세상을 만들 수 있다.

---

[11] "신사께서 사람이 곧 한울인 심법을 받으시고 향아설위의 제법을 정하시니 이것은 우주의 정신이 곧 억조의 정신인 것을 표명하심과 아울러, 다시 억조의 정신이 곧 내 한 개체의 정신인 것을 밝게 정하신 것이니라."(『의암성사법설』, 「성령출세설」)

그러나 마음공부를 하지 않으면 한울은 한울대로, 사람은 사람대로 서로 막히고 끊어지고 만다. 그러면 한울의 능력과 지혜를 쓰지 못하게 되어; 한울이 온전한 한울이 되지 못하고, 나도 천공, 즉 한울 마음을 쓰지 못하는 내가 되고, 성품이 있어도 바르게 성품을 깨닫지 못하고, 몸이 있어도 한울님의 복록을 제대로 받지 못하는 몸이 것이 되고 마는 것이다. 그렇기 때문에 마음을 도의 근원이라고 하는 것이다. 내가 마음 방향을 어디로 두느냐에 따라 이 세상이 천국이 될 수도 있고, 지옥이 될 수가 있다. 사람이 누구나 마음이 있지만, 마음 방향을 어디에 두느냐에 따라 행복한 삶과 불행한 삶으로 가게 되기 때문에 사람의 마음공부가 중요하다고 말할 수 있다. 박희택은 이를 천공과 인사라고 하였다.

의암 선생은 마음을 '허광심(虛光心), 여여심(如如心), 자유심(自由心)'으로 나누었다. 마음 수행의 최고 단계인 '자유심'은 "성품과 마음이 자유로우면 도가 반드시 끝이 없을 것이요, 세상이 반드시 자유로우면 세상이 또한 없어지지 않을 것이요, 사람이 반드시 자유로우면 억만 사람이 마침내 이 자유를 깨달을 것이니 (중략) 일동일정과 일용행사를 내가 반드시 자유롭게 하나니 좋으면 좋고, 착하면 착하고, 노하면 노하고, 살면 살고, 죽으면 죽고, 모든 일과 모든 쓰임을 마음 없이 행하고 거리낌 없이 행하니 이것을 천체의 공도공행이라 하느니라."[12]라고 하였다. 천체, 즉 한울이 공도공행하는 자유심이 발현되는 세상이 박희택이 말하는 한울님의 가르침[天敎]이 실현되는 세상일 것이다. 이제 마음의 방향을 바로 정할 때이다.

---

12 『무체법경』, 「삼심관」.

170

박희택은 이 글을 시작으로 『천도교회월보』제10호(1911.5.15.)에 「人不同」를, 15호(1911.10.15.)에 「오교의 의무」를, 제63호(1915.10.15.)에 「금준일 씨의 역사」 등 총 27편의 글을 실었다. 그는 '궁을', '인내천', '덕제천하', '아천불이' 등의 주제로 천도교의 교리를 해설하는 글을 많이 썼다. 그는 1917년까지 적지 않은 글을 발표한 것으로 보아 초창기 『천도교회월보』의 필진으로 활약하였다.

박희택은 평안북도 영변 출신이다. 앞에서 언급한 「금준일씨의 역사」는 평안북도 영변군 팔원면 출신으로 19세로 환원한 열성교인 금준일의 조사이다. 그가 영변 출신의 천도교 교역자임을 보여준다. 박희택은 1910년 12월에 '3등 신포덕 포장'을 받을 정도로 천도교 활동에 적극적이었다. 1911년 1월에는 천도교의 원직인 봉훈(奉訓)에 임명되었고, 천도교 영변교구 공선원(1914.4~1914.8)을 맡는 등 영변에서 천도교 활동에 힘쓰며 『천도교회월보』에 글을 기고하였다.

성강현
◈ 천도교 종학대학원 부산분원장으로 최근
『천도교회월보』강독회에 참여하여 1910년대 천도교인들의
글을 공부하고 있다 ◈ 동학이 천도교로 바뀌는 전환기이며,
주권을 일제에 빼앗긴 암흑기에 자주적 근대화를 위해
노력한 천도교인들의 마음을 알아보기 위해 열심히 책장을
뒤적이고 있다

편집 후기

이번호에는 몇 가지 변화가 생겼다. 하나는 두 명의 편집위원이 새롭게 보강되었다. 한 분은 동학/천도교를 연구하는 가톨릭대학교의 김남희 선생님이고, 다른 한 분은 환경철학 연구자 우석영 선생님이다. 김남희 편집위원은 최근에 『하늘과 인간 그리고 개벽』을 간행하였고, 우석영 편집위원은 『포스트 성장 시대는 이렇게 온다 - 대전환과 새로운 번영을 위한 사유』를 번역하였다. 훌륭한 선생님을 두 분이나 모시게 되어서 기쁘게 생각한다.

또 한 가지 소식은 지난 3월부터 홍박승진 편집위원이 서울대학교 국문과 교수로 정식으로 부임하였다. 아울러 교수 취임을 계기로 『다시개벽』 편집장으로 복귀하였다. 강의 준비나 학과 일로 정신이 없겠지만 『다시개벽』으로서는 겹경사가 아닐 수 없다.

이번 호에서 맨 처음 접한 글은 [다시뿌리다]에 실린 윤혜민님의 글이다. "너무도 많은 것을 알았기에 다시는 그전으로 돌아가지 않을 것이다!"는 혜미니스트의 선언은 마치 내가 한국학에 눈을 떴을 때의 모습을 연상시켰다. 한국 지성계가 '기울어진 운동장'이라는 사실을 깨달았을 때 나는 더 이상 그 운동장에서 놀아나지 않으리라 다짐했기 때문이다. 그래서인지 뭔지 모를 동지애를 강하게 느꼈다.

이어지는 「생명학연구회, 무엇을 연구할까?」는 저자가 '신채원'이라는 사실만으로도 반가웠다. '보은취회'에서 처음 만난 게 벌써 10여년 전의 일이다. 그 뒤로 『개벽신문』이나 동학 일을 통해서 여러 번 신세를 졌다. '생명학연구회'도 초창기에 몇 차례 참여한 적이 있는데, 아직도 지속되고 있다니 놀라울 따름이다. 개벽파의 뚝심에 박수를 보낸다. 서두에서 "이 모임의 발자취를 보며 설레면서도 허탈해졌다"는 말에 크게 공감했다. 나도 선인들의 학문적 업

적을 접할 때마다 마찬가지 생각이 들기 때문이다. 생명운동의 태동이 1976년의 <원주선언>이었다는 사실을 처음 알았다. 저자에게 감사드린다.

맹주형님의 「생태 문명으로의 전환을 위한 천주교 창조보전운동」도 반가운 글이다. 『찬미받으소서』만 해도 귀가 솔깃한데, 거기에 개벽까지 들어가 있으니 말이다. 프란치스코 교종의 『찬미받으소서』는 지구인문학 연구를 통해서 알게 되었다. 토마스 베리라는 인물에 매혹되어 있었는데, 그의 통합생태학이 『찬미받으소서』로 이어졌다는 사실을 나중에서야 알게 되었다.

이 글을 통해 『찬미받으소서』가 2015년에 나왔다는 사실을 새삼 주목하게 되었다. 2015년은 지구의 온도가 산업화 이전에 비해 1도가 올라간 해이기 때문이다. 그리고 이에 대한 대비로 <파리협정>이 체결되고 '신기후체제'가 출범한 해이기도 하다. 아울러 차크라바르티의 예일대 강연 「인류세 시대의 인간의 조건」도 2015년의 일이다. 여러 가지로 의미있는 해이다.

한편 본문에서 인용된 레오나르도 보프의 저서 『지구의 울부짖음(Cry of the Earth, 가난한 자들의 울부짖음(Cry of the Poor)』에서 저자의 '생태적 측은지심'을 느낄 수 있었다. 또한 종교단체들이 연합하여 환경문제에 대응하는 <종교환경회의>와 같은 운동에서 한국종교의 특징을 볼 수 있지 않을까 하는 생각이 들었다. 그것은 국가적 혹은 지구적 이슈가 생기면 종교라는 울타리를 넘어서 서로 연합하고 함께 연대하는 경향이다.

「다시쓰다」에 실린 「인류세 시대의 인간과 자연」의 저자 시노하라 마사타케(篠原雅武, 1975~)는 작년부터 지구인문학 연구팀과 학술교류를 하고 있는 일본의 인류세 철학자이다. 그의 저서 『인류세의 철학 – 사변적 실재론 이후의 '인간의 조건'』(2018)은 올 여름에 모시는사람들에서 번역서가 나올 예정이다. 이번에 실린 글은 이 책의 문제의식을 담고 있다.

[다시말하다]의 인터뷰는 두 가지 점에서 인상적이었다. 하나는 서두에 소개되어 있는 저자의 집필 동기다. 17살 때 친구한테 받은 『위대한 한국인』 전집에 수록되어 있는 『해월 최시형』 편을 읽고 큰 충격에 빠져 소설을 쓰는 꿈을 꾸게 되었다는 것이다. 사실 '위대한 한국인' 시리즈에 최시형이 들어 있다는 사실만으로도 나한테는 충격이다. 내가 어렸을 때에도 집에 위인전이 있었지만, 대부분 외국의 위인들이었고 동학 관련 인물은 본 적이 없었던 것 같다. 또한 이승만이나 김옥균 편에서는 별다른 감흥을 못 느꼈다는 저자의 고백은 우리가 한국근대사를 공부할 때 어디에 방점을 두어야 하는지를 생각하게 한다.

인터넷을 검색해 보니 『위대한 한국인』은 1972년에 간행되었고, 『해월 최시형』 편의 저자는 '최동희'였다. 이 전집에는 최시형 이외에도 손병희, 안창호, 안중근, 한용운, 김구, 김좌진 등, 우리가 교과서에서 들어본 적이 있는 인물들이 수록되어 있었다. 과연 70년대의 분위기가 물씬 풍겨나는 기획이다. 최제우가 아닌 최시형이 들어가 있다는 사실도 의외였다.

『해월 최시형』의 저자 최동희 교수님은 동학사상 연구자라면 모르는 사람이 없을 것이다. 나도 박사논문을 쓸 때 그 분의 『새로 쓰는 동학』의 도움을 많이 받았다. 최교수님이 쓰신 『최시형』이라면 나도 읽어보고 싶다는 충동이 들 정도이다.

저자의 인터뷰에서 두 번째로 인상적이었던 점은 '아버지' 이야기다. 초등학교 3학년 때, 추운 겨울에 만취한 아버지가 『전과』 한 권을 들고 오셨다는 이야기이다. 누구나 이와 비슷한 경험이 있을 것이다. 나도 철모를 때 이런 아버지 모습을 본 적이 있다. 그런데 그런 내가 이제는 두 딸의 아버지 노릇을 하고 있다.

최근에 원광대학교 박맹수 총장님의 인솔로 전북 완주군 대둔산에 있는 동학농민군 최후 항쟁지를 답사한 적이 있다. 1894년 11월 중순, 해발 715미터의 산꼭대기에 위치한 자그마한 미륵바위에서 두 달을 항쟁했다고 한다. 그 중에는 1살짜리 아이의 '아버지'도 있었다. 접주 김상순이다. 그 좁고 추운 곳에서 초막을 짓고 같이 두 달을 같이 산 것이다. 그러다가 1895년 1월 24일 아침, 일본군이 바위를 타고 올라오자 미처 대비하지 못한 농민군들은 모두 사살되었다. 그 중에는 임산부도 있었다고 한다. 접주 김상순은 딸아이를 안고 천 길 벼랑으로 뛰어내려 스스로 목숨을 끊었다(성강현, 〈대둔산에서 동학농민군 최후의 혈전〉, 《울산저널》, 2019.06.14. 참조). 이렇게 해서 1년에 걸친 동학농민군의 대장정은 막을 내렸다. 참으로 비극적인 이야기다. 동학농민군들은 대부분 김상순과 같은 한 가정의 아버지이자 어머니였을 것이다.

마지막으로 이번호의 제호는 "우리는 어디에 살고 있는가?"로 잡았다. '어떻게' 살 것인가? 라는 물음은 철학 책에서 흔히 접할 수 있다. 그러나 '어디에' 살고 있는가? 라는 물음은 흔하지 않다. 이런 물음을 던지게 된 것은 기후변화로 인해 지구의 '거주가능성(habitability)'이 물어지고 있기 때문이다. 상황이 바뀌면 물음도 달라지게 마련이다. 지금 우리가 처한 상황은 예전과는 '다른 지구'에 살고 있다는 것이다. 그 달라진 지구에서 살고 있다는 상황을 정확히 인식해야만 '어떻게' 살 것인가에 대한 대답도 주어질 것이다.

정기구독 안내

『다시개벽』을 함께 만드는
동사(同事)가 되어 주십시오.

정기구독 혜택

1. 10% 할인된 가격으로 구독할 수 있습니다.

2. 구독 기간 중 가격이 오르더라도 추가 부담이 없습니다.

   (기본 배송비 무료, 해외/제주/도서/산간 지역은 배송비 추가)

3. 다양한 이벤트와 혜택의 우선 대상이 됩니다.

정기구독료

1. 낱권 정가 15,000원(제1호~제5호는 각 12,000원)

2. 정기구독료

   1년(4개호) 55,000원

   2년(8개호) 110,000원

   3년(12개호) 165,000원

정기구독 신청 방법

전화　　02.735.7173(도서출판 모시는사람들)

이메일　sichunju@hanmail.net

인터넷　https://forms.gle/j6jnPMzuEww8qzDd7

　　　　(오른쪽의 QR코드를 통해 정기구독 신청)

위의 방법으로 신청 후 아래 계좌로 구독료를 입금해 주시면 정기구독 회원이 됩니다.

계좌정보

국민은행 817201-04-074493

예금주: 박길수(도서출판모시는사람들)

책을 만드는 사람들

발행인	박길수
편집인	조성환
편집장	홍박승진
편집위원	김남희 성민교 안마노 우석영 이원진 조성환 홍박승진
편집자문위원	가타오카 류 김용휘 김인환 박맹수 박치완
	방민호 손유경 안상수 이우진 차은정
편집	소경희 조영준
아트디렉터	안마노
멋지음	이주향
마케팅 관리	위현정

다시개벽 제7호

발행일	2022년 6월 30일
등록번호	종로 바00222
등록일자	2020.07.28
펴낸이	박길수
펴낸곳	도서출판 모시는사람들
	서울시 종로구 삼일대로 457 (경운동 수운회관) 1207호
인쇄	㈜성광인쇄 (031.942.4814)
배본	문화유통북스 (031.937.6100)

도서출판 b의 여성주의 인문학

상상적 신체

모이라 게이튼스 지음 | 조꽃씨 옮김 반양장본, 319쪽, 값 20,000원

페미니즘 이론의 난점 가운데 하나인 '젠더-섹스' 이분법을 넘어서 양자를 통합적으로이
해할 수 있는 지평을 열었다. 섹스-젠더가 전제하고 있는 신체-정신 더 나아가 수동-능동,
자연-문화 등과 같은 서구의 유서 깊은 이분법은 한 편의 항에 가치를 부여하고 다른 항을
억압하는 작용을 해왔다. 따라서 게이튼스는 '섹스의 대립물로서의 젠더'를 대체할 새로운
개념을 모색한다. 그것이 바로 이 책의 제목이기도 한 '상상적 신체'이다.

해러웨이, 공-산의 사유

최유미 지음 양장본, 303쪽, 값 22,000원

도나 해러웨이는 동물학·철학·영문학을 공부하고 생물학사와 생물철학 연구로 박사학위
를받은 뒤, 산타크루즈 캘리포니아대학에서 과학사와 여성학을 가르친 학자다. 복잡한 이력
에서 짐작할 수 있듯이, 학문의 장벽을 넘나드는 융합적 사유로 페미니즘 이론의 전선을확장
했다는 평가를 받는다. 최유미 씨가 이 독특한 페미니즘 이론가의 저작들을 따라가며 그의
사상을 깊숙이 들여다본다.

원문보기:여자들의 무질서

캐롤 페이트먼지음 | 이성민, 이평화 옮김 반양장본, 348쪽, 값 22,000원

페미니즘의 고전. 쉬운 사례로 지금까지도 수많은 미디어와 문화 텍스트들은 여성들의 '노'
를 '예스'로 해석한다. 페이트먼은 '여자들의 문제'를 단순히 '여성쟁점'으로서가 아니라
민주주의 이론의 급진화의 계기로 사유할 것을 제안한다. 혁명적 사고의 전환 없이는 어떤
사회의 발전도 여성의 배제와 종속이라는 딜레마에서 벗어날 수 없다는 게 저자의 지적이다.

여자가 없다고 상상해봐

조운 콥젝지음 | 김소연, 박제철, 정혁현 옮김 양장본, 423쪽, 값 25,000원

라캉주의 정신분석학자 조운 콥젝은 충동과 윤리를 매개하는 수단으로 승화라는 개념을 끄
집어낸다. 콥젝은 프로이트에게서 승화 개념이 불충분하게 발달되었다고 진단하고, 승화를
통해 우리의 결점을 꾸짖기 위해 초자아가 설정하는 상상적 이상들에 대한 우리의 굴종을
촉진시키는 그런 감정들로부터 정화될 수 있다고 말한다. 정신분석에서 통상 초자아는 윤리
의 자리였지만, 콥젝은 초자아로부터의 해방을 승화와 연결시킨다.

도서출판 b 08772 서울시 관악구 난곡로 288 남진빌딩 302호 | 전화: 02-6293-7070 | 팩스: 6293-8080 | 메일: bbooks@naver.com | 웹: b-book.co.kr

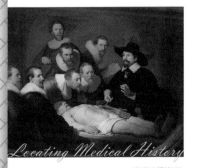

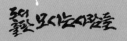

심규한 네 번째 시집

'세계를 탐구하고, 생명을 만나'는 여정들의 기록

모시는 시인선 06
심규한 네 번째 시집

못과
숲

모시는사람들

🏠 http://www.mosinsaram.com   f https://www.facebook.com/modlbook
📞 02-735-7173   📠 02-730-7173   ✉ sichunju@hanmail.net

소설 동학

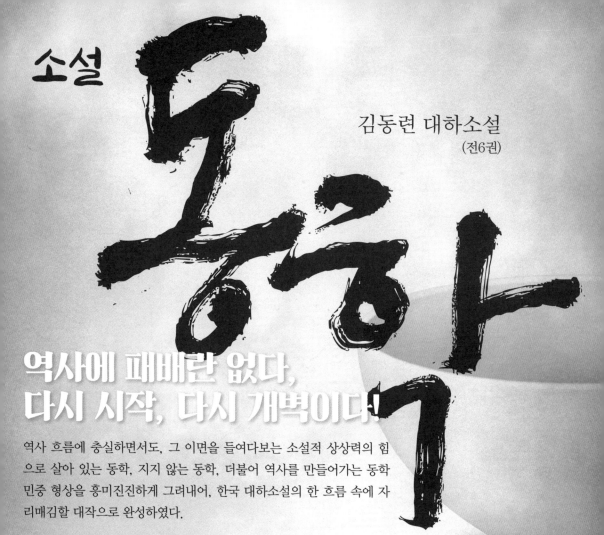

김동련 대하소설
(전6권)

역사에 패배란 없다,
다시 시작, 다시 개벽이다!

역사 흐름에 충실하면서도, 그 이면을 들여다보는 소설적 상상력의 힘
으로 살아 있는 동학, 지지 않는 동학, 더불어 역사를 만들어가는 동학
민중 형상을 흥미진진하게 그려내어, 한국 대하소설의 한 흐름 속에 자
리매김할 대작으로 완성하였다.

1부 나라는 것은 무엇인가(1-2권)

2부 세계라는 것은 무엇인가(3-4권)

3부 어떻게 살아야 사람답게 사는 것인가(5-6권)

김동련 | 2022년 5월 31일 | 92,000원(전 6권)

도서출판 모시는사람들 | 서울특별시 종로구 삼일대로 457(수운회관 1207) TEL 02-735-7173 FAX 02-730-7173 | sichunju@hanmail.net | http://www.mosinsaram.com

야누시 코르차크
정의를 위한 교육

Janusz Korczak

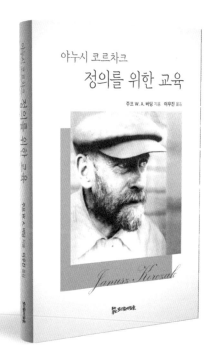

주프 W. A. 버딩 지음 | 이우진 옮김
208쪽 | 15,000원 | 모시는사람들

그들을 가장 편안한 길로 인도치 마시고,
가장 아름다운 길로 인도해 주십시오!

폴란드의 어린이 교육 선구자이자 순교자로까지 추앙되는 야누시 코르차크의
생애를 조명하였다. 코르차크는 어린이가 존중받아야 할 인간 존재임을
알리면서 어린이의 권리와 정의를 위해 싸운 혁명가였다. 저자는 그의 선구적인
교육 태도와 프로그램을 '어린이에 대한 존중'과 '참여적 교육' '정의의 실행'
그리고 '공화주의적 방식으로 함께 살기'라는 네 범주로 보여준다. 코르차크의
생애를 따라 어린이 교육과 어린이 권리의 역사를 엿볼 수 있다.

도서출판 모시는사람들 | 서울특별시 종로구 삼일대로 457(수운회관 1207)
TEL 02-735-7173 FAX 02-730-7173 | sichunju@hanmail.net | http://www.mosinsaram.com

한국학강의

최민자 | 2022년 5월 15일 | 33,000원

한국 상고사의 원형 복원, 생명의 역사 조명

역사적으로 다양한 차원의 멸실 과정을 거쳐 그 흔적을 찾기조차 어려워진 한국
상고사의 원형을 복원하고 그 단편들을 이어서 거대한 생명의 역사를 조명한다.
현대과학 패러다임과의 비교 고찰을 통해 한국학의 패러다임을 심층적으로 이해
하고, 나아가 한국학 패러다임의 재구축을 통해 남북한과 지구촌의 대통섭을 단
행할 원대한 비전을 제시한다.

도서출판 모시는사람들

서울특별시 종로구 삼일대로 457(수운회관 1207) TEL 02-735-7173 FAX 02-730-7173 | sichunju@hanmail.net | http://www.mosinsaram.com